Chouette

CM1/CM2 / 6e

CYCLE 3

9-12 ANS

PRIMAIRE NOUVEAUX PROGRAMMES COLLÈGE

Comprendre les outils numériques et programmer

Albert Cohen
Professeur des écoles – Maitre formateur

Jacques Marcialis
Créateur de logiciels

Hatier

Présentation

Ce cahier donnera à votre enfant une bonne connaissance des **outils numériques** et l'initiera à la **programmation** et au **codage** qui constituent désormais une nouveauté importante dans les programmes.

- La connaissance des **outils numériques** se construit à travers l'enseignement des sciences et de la technologie, où les élèves vont apprendre à connaitre l'organisation d'un **environnement numérique** et à utiliser différents **périphériques** et **logiciels**. En **mathématiques**, ils apprennent à utiliser des logiciels de calculs et d'initiation à la programmation. Dans le **domaine des arts**, ils intègrent l'usage des outils informatiques de travail de l'image et de recherche d'information au service de la pratique plastique. En **langues vivantes**, le recours aux outils numériques permet de diversifier les méthodes d'apprentissage. En **français**, les élèves apprennent à utiliser des outils d'écriture (traitement de texte, correcteurs orthographiques, dictionnaires en ligne) et à produire des documents intégrant du son et de l'image.
- L'**initiation à la programmation** permet de **développer des usages du langage oral ou écrit**, notamment en créant des histoires illustrées par de courtes animations conçues par les élèves ; ou encore en langues vivantes en créant des animations où les personnages dialoguent en langue étrangère. L'initiation à la programmation permet aussi de travailler les compétences suivantes :
  – se repérer, s'orienter en utilisant des repères,
  – adopter une démarche scientifique,
  – utiliser un langage spécifique,
  – développer l'abstraction (apprendre à anticiper l'effet de telle ou telle séquence d'instructions avant même de la faire exécuter par une machine ou un programme).

Une simple pression légère et rapide suffit à faire un clic.

- Ce cahier se compose donc d'une partie sur les **outils numériques** et d'une autre sur la **programmation et le codage** (notamment avec le logiciel Scratch), avec des exercices et activités à faire sur le cahier, sur ordinateur ou tablette, avec ou sans connexion Internet.
- Des **astuces**, illustrées par la petite chouette, donnent régulièrement à votre enfant un coup de pouce pour l'aider à faire l'activité.
- À la fin de l'ouvrage, des **corrigés** détaillés et complets permettent de vérifier ses acquis.

Cet ouvrage est rédigé avec l'orthographe recommandée par le ministère de l'Éducation nationale.

© Hatier, 8 rue d'Assas, 75006 Paris – 2018 – ISBN : 978-2-401-03082-4
Édition : Sophie Lechevalier • Mise en page : STDI • Illustrations : Thomas Tessier
• Chouettes : Adrien Siroy.

En quoi consistent le codage et la programmation ?

Lorsqu'on imagine une machine capable de recevoir des ordres, on se pose la question : comment lui transmettre nos **instructions** ? Le **codage** est justement le fait de traduire dans un **langage** qu'elle comprend des instructions connues. L'ensemble de ces instructions forme alors un **programme**.

Les langages que comprennent les machines sont généralement plus limités que les langages utilisés pour communiquer entre nous. Il arrive qu'on ne puisse pas traduire simplement nos instructions en langage de programmation. L'**algorithmique** est la méthode que l'on met en place pour décomposer un traitement très complexe en instructions compréhensibles par la machine. C'est par exemple ce qu'on fait lorsqu'on veut programmer une heure précise pour déclencher l'alarme sur un réveil.

On pourrait aussi comparer le codage à une recette imaginée par un grand chef cuisinier qui essayerait de nous donner des ordres pour réaliser sa dernière invention gastronomique. La recette en elle-même est l'équivalent du **programme** que l'on donne à une machine : elle décrit à la fois les ingrédients et toutes les opérations à réaliser pour obtenir le plat final.

Pourquoi s'initier au codage et à la programmation ?

La tendance est à la **création d'objets évolutifs** et **flexibles**. En effet, un grand nombre de fabricants conçoivent, en plus de l'objet, un **langage de programmation** pour personnaliser et étendre les fonctionnalités initialement prévues. S'initier à la programmation, c'est se donner les moyens de comprendre plus facilement les capacités de tous ces nouveaux appareils et de tous les langages qu'ils utilisent.

Quel usage dans la vie quotidienne ?

Nous programmons tous les jours des machines sans même nous en rendre compte : la machine à laver dont on programme la mise en marche, le tapis de course que l'on programme pour varier son inclinaison ou sa vitesse… Les langages et les méthodes de programmation changent mais les bases restent les mêmes et la question toujours la même aussi : comment programmer une machine **pour lui demander de faire ce que je souhaite** ? On peut aussi commander à distance des appareils électriques. Fermer tous les volets de sa maison en appuyant sur une touche de son Smartphone (c'est la domotique) devient possible !

Et dans quelques années ?

Dans un avenir proche, la place de l'informatique et du numérique sera encore plus forte et le codage et la programmation seront incontournables. Ainsi, chaque individu pourra créer son propre objet connecté.

Dans la **communication** et l'utilisation des **réseaux sociaux**, le codage deviendra un atout pour la création, la réalisation et l'utilisation de sites web personnels.

Ton tableau de bord

Reporte la date à laquelle tu as fini chaque chapitre des parties OUTILS NUMÉRIQUES et CODAGE ET PROGRAMMATION pour visualiser ta progression tout au long de l'année.

Devant chaque exercice, ces pictogrammes t'indiquent sur quel support travailler.

Activité à faire sur le cahier.

Activité à faire avec un ordinateur.

Activité à faire avec une tablette.

Activité à faire avec une connexion Internet.

1 L'environnement numérique de travail

1 Retrouve les noms des éléments du poste de travail cachés dans ces anagrammes.

CRANÉ → ÉCRAN
RUDERATION → ....
CLIVERA → ....
PITAS → ....
ROUSSI → ....
AEIIMMNPRT → ....
UÉTIN TALRECNE → ....
LCREUET ED QEUISD → ....

2 Puis écris le nom de ces éléments dans la bonne étiquette.

Le poste informatique

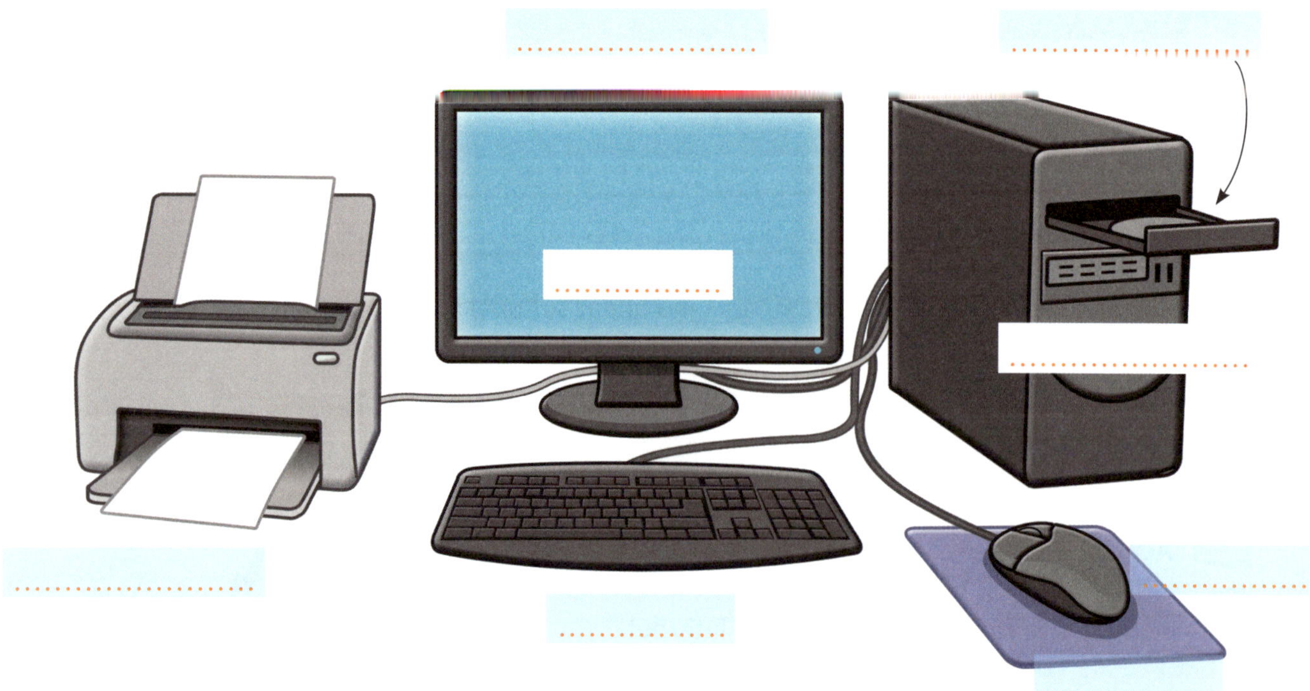

3 Relie les éléments à l'unité centrale en faisant les bons branchements.

4 Écris les noms de chaque support numérique puis barre les 2 intrus.
Utilise la liste.

- disque dur externe
- tablette
- smartphone
- PC portable
- console de jeux
- clé USB
- PC tactile
- carte mémoire SD

 ……………………

 ……………………

 ……………………

 ……………………

 ……………………

 ……………………

 ……………………

 ……………………

……………………

 ……………………

corrigés p. 90

2 Le clavier

1 Colorie les touches de ce clavier selon le code couleur.

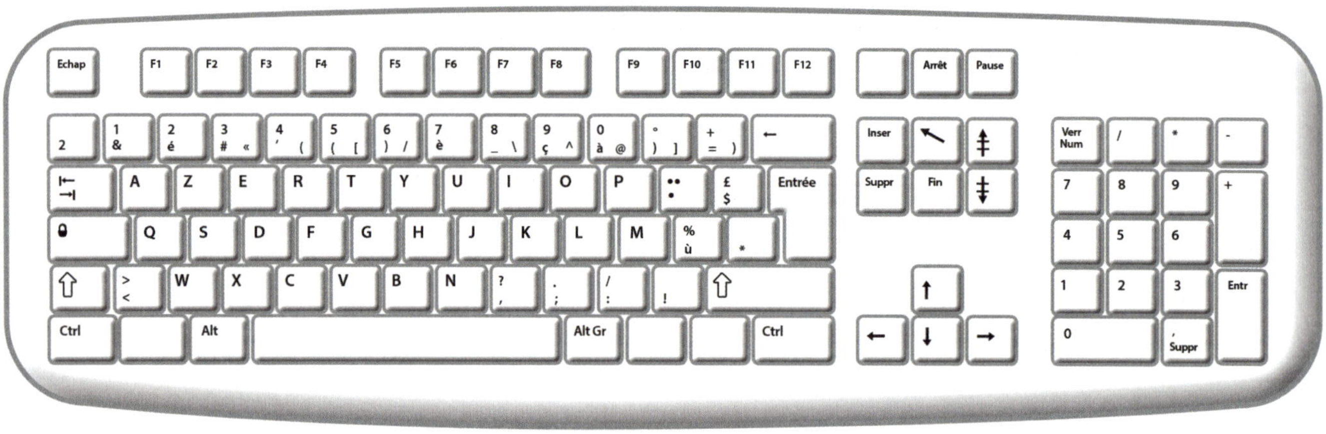

Les deux touches pour écrire en majuscules et les signes en haut des touches.

Les touches pour écrire les lettres.

La touche du cadenas, qui permet de toujours écrire en majuscules.

La touche pour faire un espace entre les mots.

Les signes de ponctuation et les caractères spéciaux.

Les touches pour écrire des nombres en chiffres.

La touche pour valider ses choix, aller à la ligne, sauter des lignes…

La touche pour effacer en reculant.

La touche pour accéder au troisième caractère de la touche.

Les flèches pour déplacer le curseur.

2 Saisis ces lettres ou ces signes sur le clavier d'un ordinateur.

é , % : / ù à @ £ ç

1 è ? ! ê A w . " (

3 **Pour chaque étiquette, indique les combinaisons de touches utilisées.**

(2 + 3) = 5 → [Parenthèse ouverte] [2] [espace] [+] [espace] [3] [Parenthèse fermée] [espace] [=] [espace] [5]

Aldebert → ....

marcel@se.fr → ....

....

4 **Écris dans la case le nombre de touches sur lesquelles tu dois appuyer pour écrire :**

- être .....
- [Combien ?] .....
- écoute 19 % .....

5 **Complète ce clavier selon le modèle de l'exercice 1.**

corrigés p. 90

3 La souris et le clic

Une simple pression légère et rapide suffit à faire un clic.

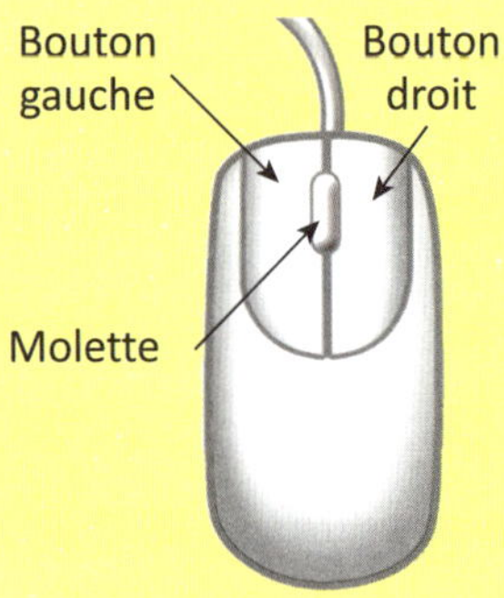

Observe ta souris. **Le clic gauche** est une pression instantanée exercée sur le bouton gauche de la souris. Il permet d'activer ou de sélectionner l'élément pointé par le curseur.

Le clic gauche sert tout le temps !

Le clic droit sur le bouton droit de la souris permet notamment la copie, le déplacement, la suppression et de renommer l'élément pointé.

La molette est un élément de la souris situé entre les boutons de clics gauche et droit. Elle permet, en la faisant rouler, de faire défiler du contenu de haut en bas ou de bas en haut sur l'écran.

1 Coche la bonne réponse.

- Avec le clic gauche, on peut : dupliquer, déplacer, supprimer. ❑ VRAI ❑ FAUX
- Toute la navigation sur Internet se fait uniquement par de simples clics gauches. ❑ VRAI ❑ FAUX
- Le double-clic ne sert à rien. ❑ VRAI ❑ FAUX
- La molette ne tourne que dans un seul sens. ❑ VRAI ❑ FAUX
- Pour déplacer un élément, on double-clique dessus et on maintient le clic. ❑ VRAI ❑ FAUX

2 Combien faut-il de clics gauches au minimum pour passer du texte 1 au texte 2, en faisant du glisser/déposer pour remettre le texte dans l'ordre ?

Texte 1

7. Il fallait le garder pour l'épreuve de grammaire.
2. Dans cette situation, impossible de copier sur son voisin.
6. Mais non !
3. Il devait se débrouiller seul.
5. « Si je pouvais utiliser mon joker… » se dit-il.
1. Avec sa plus belle voix, l'enfant récitait son texte difficile.
4. Ses camarades mettaient tout en œuvre pour lui faciliter la tâche mais le maitre veillait au grain.

Texte 2

1. Avec sa plus belle voix, l'enfant récitait son texte difficile.
2. Dans cette situation, impossible de copier sur son voisin.
3. Il devait se débrouiller seul.
4. Ses camarades mettaient tout en œuvre pour lui faciliter la tâche mais le maitre veillait au grain.
5. « Si je pouvais utiliser mon joker… » se dit-il.
6. Mais non !
7. Il fallait le garder pour l'épreuve de grammaire.

Il faut faire ..... clics.

3 **Pour chaque écran, colorie le bouton de la souris qui correspond au clic qui a ouvert le menu.**

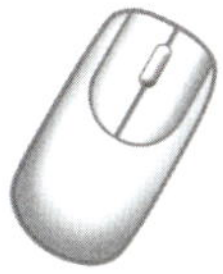
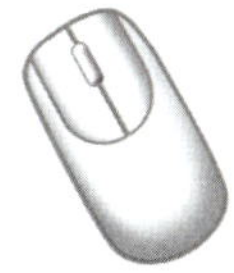

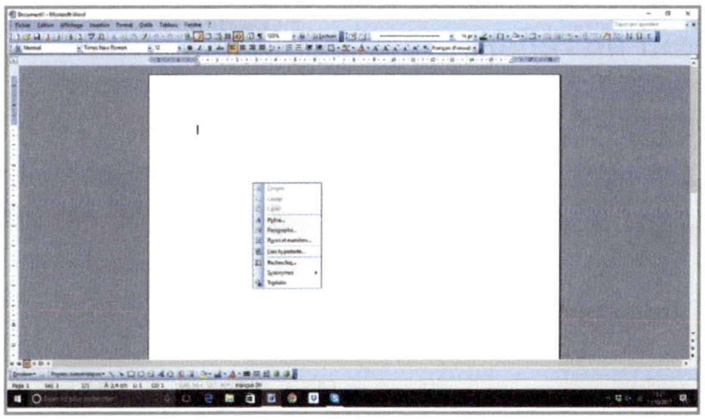
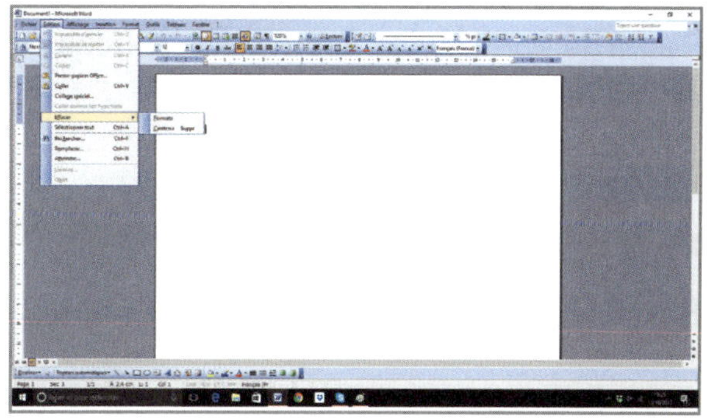

4 **Écris ce que tu vois sur ton écran d'ordinateur quand tu suis les instructions suivantes :**

- 2 clics gauches sur l'icône du traitement de texte, clic gauche sur fichier, clic gauche sur mise en page, clic gauche sur paysage, valide.

....

....

- Clic gauche sur l'icône du traitement de texte, clic droit au milieu de la page.

....

....

....

Faire un copier-coller

Sélectionne le texte. Clique gauche sur l'icône « copier » dans la barre de tâches, place le curseur à l'endroit souhaité puis clique gauche sur l'icône « coller ».

5 a) **Saisis ces mots sur ton ordinateur.**

souris – clic droit – clic gauche – curseur – molette

b) **Copie-les un par un en colonne (mais sans les réécrire !), comme ci-dessous.**

souris

molette

clic droit

curseur

clic gauche

corrigés p. 90

4 Saisir un texte

Les deux touches qui ont un repère en relief permettent de se situer tactilement sur le clavier.

1 Regarde ton clavier. Trouve les touches qui ont un repère en relief.

....

2 Barre les suites de lettres ou de signes qui ne sont pas sur ton clavier.

AZERTYUIOP	AZERPOIUYT	1234567890°+
NBVCXW	QSDFGHJKLM	APZOEIRUTY
&é"'(-è_çà)=	WXCVBN	MLKJHGFDSQ

3 Complète les lignes du clavier avec les lettres ou les signes qui manquent.

4 Observe le clavier.

a) Donne le nom des doigts placés sur les lettres repères.

Q : .... J : .... S : ....

K : .... D : .... L : ....

F : .... M : ....

b) Sur quelle touche sont placés les deux pouces ? ....

5 **Place tes doigts comme sur le dessin de l'exercice 4. Écris ton prénom en utilisant le plus de doigts possible.**

6 **a) Saisis le texte suivant sur ton ordinateur.**

Planter ou cueillir

Alphonse est un jardinier. Il a planté : des aubergines, des haricots, des courgettes, des tomates, un carré de poireaux et quelques bandes de salades !!!

Son frère avance dans le jardin pour ramasser çà et là des champignons, des radis, des pommes de terre, beaucoup de carottes et même des potirons...

A-t-il tout ce qui lui faut ?

Sa femme lui a dit : « N'oublie rien ».

b) Saisis le contenu des étiquettes à l'emplacement des curseurs rouges, en respectant l'ordre des numéros.

Planter ou cueillir

Alphonse est un jardinier|①. Il a planté : des aubergines, des haricots, des courgettes, des tomates, un carré de poireaux et quelques bandes de salades !!!

Son frère|② avance dans le jardin|③ pour ramasser çà et là des champignons, des radis, des pommes de terre, beaucoup de carottes et même des potirons...

A-t-il tout ce qui lui faut|④ ?

|⑤Sa femme lui a dit : « N'oublie rien ».

① qui a vraiment beaucoup de talent

② , le plus petit mais aussi le plus courageux,

③ de leur vieille ferme

④ pour préparer un repas de fête campagnarde

⑤ Pendant toute la matinée,

corrigés p. 90

5 Utiliser un logiciel de traitement de texte (1)

Connaitre la barre d'outils et les principaux menus

Il existe plusieurs logiciels de traitement de texte (OpenOffice, Microsoft Word...) ; dans les chapitres 5 à 9, le logiciel utilisé est Microsoft Word, 2003. Les versions plus récentes sont très similaires.

1 **Relie chaque icône de la barre de menu à sa légende.**

• enregistrer • ouvrir • imprimer • nouveau • couper • copier • coller • annuler la frappe • rétablir la frappe

2 **Légende les différents éléments qui composent la barre d'outils de mise en forme. Utilise la liste.**

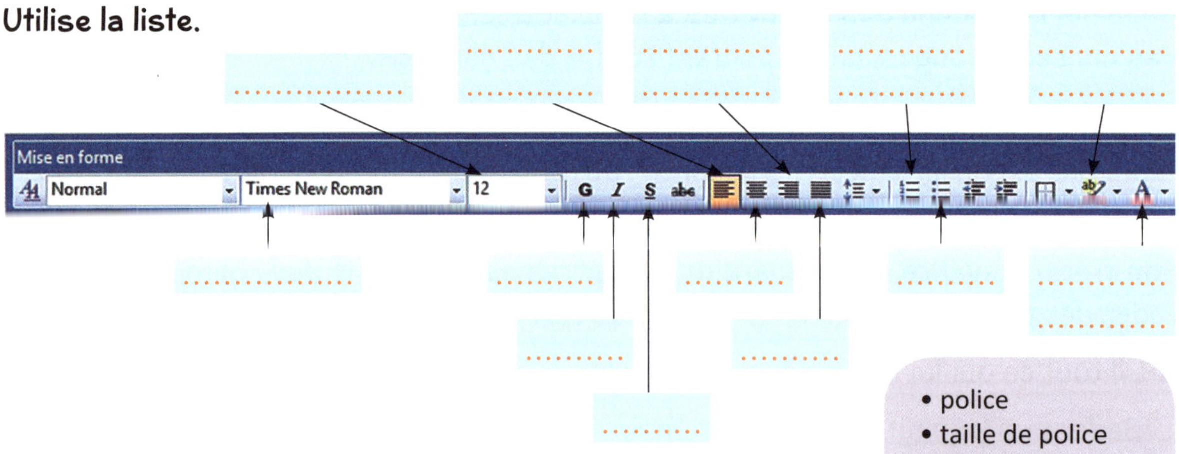

- police
- taille de police
- gras
- italique
- souligné
- aligner le texte à droite
- aligner le texte à gauche
- justifier
- centrer
- surligner
- numérotation
- puce
- couleur de police

3 **Recopie les informations qui se trouvent sur le menu déroulant quand on clique sur le mot « Fichier » de la barre des menus.**

....

....

....

4 **Barre les informations qui n'apparaissent pas quand on clique sur le mot « Édition » de la barre des menus.**

Copier – coller – nettoyer – effacer – regarder – remplacer – écouter – recommencer – atteindre.

5 **Entoure le menu déroulant qui s'ouvre quand on clique sur le mot « Affichage » de la barre des menus.**

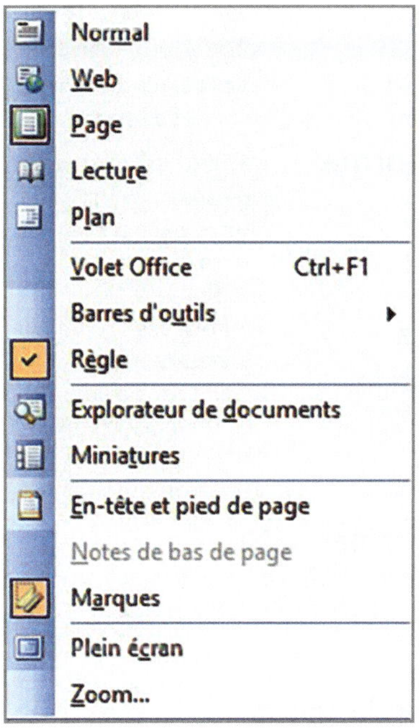

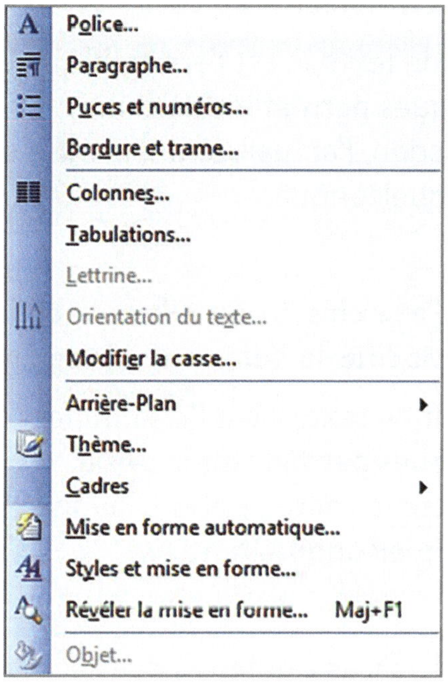

6 **Positionne le curseur sur les icônes suivantes et écris ce que tu lis.**

- Gras : ....
- Souligné : ....
- Couleur de police : ....

Pour changer la police de caractères, on clique gauche sur la flèche pointe en bas et on choisit le nom de la police qui nous convient.

7 **Ouvre le menu « Affichage », clique sur « Barres d'outils » et indique les cinq premiers noms que tu peux lire.**

....

....

Avant de modifier un mot ou une phrase, il faut toujours le ou la sélectionner, puis cliquer sur l'icône choisie.

corrigés p. 90

OUTILS NUMÉRIQUES

6 Utiliser un logiciel de traitement de texte (2)

Utiliser les outils principaux : copier, coller, police de caractères et taille (corps), enregistrer

1 Saisis la phrase sur ton ordinateur.
Utilise la police « Times New Roman » en corps 14.

Un logiciel de traitement de texte, c'est l'ensemble des techniques informatiques permettant la saisie, la mémorisation, la correction, l'actualisation, la mise en forme et la diffusion d'un texte quelconque.

Les règles d'écriture et d'espace

- Pour la , et le . pas d'espace avant mais un espace après.
un mot, un mot.
la fin.
- Pour les : ; ! ?
il faut mettre un espace avant et un espace après.
un mot : un mot ;
un mot ! un mot ?

2 Sélectionne la phrase de l'exercice 1, copie-la puis colle-la deux lignes en dessous. Modifie-la selon ce nouveau modèle.

« Un logiciel de traitement de texte c'est l'ensemble des techniques informatiques permettant la <u>saisie</u>, la *mémorisation*, la <u>correction</u>, l'actualisation, la *mise en forme* et la diffusion d'un **texte** quelconque. »

3 Copie puis colle la nouvelle phrase obtenue deux lignes en dessous. Change la police de caractères et la taille en utilisant « Arial Black » en corps 20.

Changer la taille de la police de caractères

Clique gauche sur la flèche pointe en bas et choisis la valeur qui convient. On fait la même chose avec les autres outils.

4 Enregistre ton travail pour ne pas le perdre. Suis les instructions.

1 Clique gauche sur l'icône « enregistrer ».
2 Dans la fenêtre qui s'ouvre, clique sur « Mes documents ».
3 Dans la case du bas, écris le nom que tu veux donner à ton fichier.
4 Clique gauche sur le mot enregistrer.

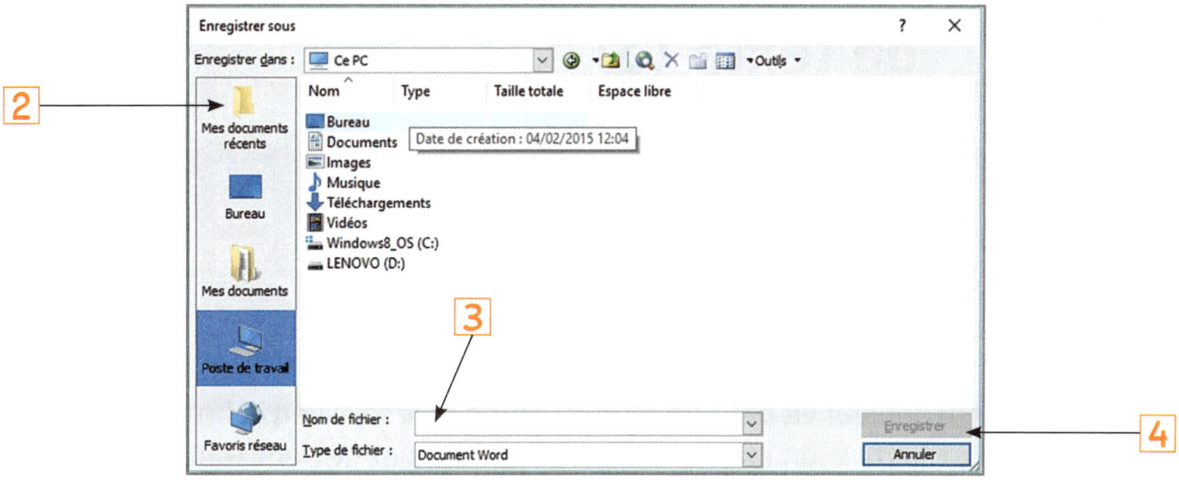

5 **Voici une histoire.**

a) **Saisis le début de cette histoire sur ton ordinateur en utilisant les consignes de la liste.**

b) **Invente une fin que tu écriras directement à la suite.**

Enregistre ton fichier dans « Mes documents » sous le nom « Le moustique ».

- Police : Times New Roman
- Corps : 16
- 5 mots en italique
- 4 mots soulignés
- 3 mots en gras
- le nom des personnages en rouge

Le moustique

Pic, le moustique, vole en émettant ce drôle de bruit agaçant. Il rôde dans toute la maison, à la recherche de chair fraiche à piquer. Il lui faut du sang à aspirer, beaucoup de sang, il a trop faim. Pourtant, aucune âme qui vive, et aucune odeur d'être humain !!! Il est très agacé, lorsque d'un coup, il sent une présence dans la chambre d'enfant.

Chaque fois que tu vois cette icône, tu dois enregistrer ton travail.

c) **Dessine ton histoire.**

OUTILS NUMÉRIQUES

7 Utiliser un logiciel de traitement de texte (3)

Modifier un texte et utiliser les fonctions copier, couper, coller, glisser/déposer

1 Saisis le texte à l'identique sur ton ordinateur.

Le **papillons** sans couleur vit dans un monde **froide** et lisse, il **veu** connaitre l'univers. Alors il s'envole. Il croise un coquelicot, se pose **desus** et devient **toutes** rouge. Sur une feuille de **chaine,** il attrape aussi du vert. Ce dernier lui offre un de **se** rayons. Dans un champ de bleuets, il ramasse un **peut** de bleu. Les orangers du **vergé** lui donnent de l'orange. À une petite violette des champs il **volle** du violet. Il prend un peu de **blan** à un superbe lys qui **pouse** ici. Sur un massif de roses trémières il **guagne** du rose. Il lui **manques** le jaune. Il demande au soleil.

2 Corrige les mots en gras qui comportent des erreurs.

3 Surligne chaque mot qui désigne une couleur en choisissant la couleur qui correspond au mot.

jaune → jaune

Pour utiliser les fonctions copier, couper et glisser/déposer, il faut sélectionner la partie du texte sur laquelle on veut agir.

4 Sélectionne ton texte, copie-le puis colle-le 2 lignes en dessous.
Copie le mot « papillon » du début du texte puis colle-le à la place de chaque pronom personnel « il » qui le remplace.

5 Dans le texte, la phrase soulignée est mal placée. Coupe-la et colle-la à la fin du texte.

6 Utilise les fonctions que tu viens de découvrir pour mettre en forme ton texte selon le modèle p. 19.

Donne un titre au texte et écris-le sur les pointillés.

Pour glisser/déposer, on sélectionne puis on clique gauche que l'on maintient, et on déplace la partie sélectionnée pour la déposer à l'endroit choisi.

Titre : ....

Le papillon sans couleur vit dans un monde froid et lisse, il veut connaitre l'univers. À une petite violette des champs il vole du violet. Alors il s'envole. Sur une feuille de chêne il attrape aussi du vert. Dans un champ de bleuets il ramasse un peu de bleu. Les orangers du verger lui donnent de l'orange. Il prend un peu de blanc à un superbe lys qui pousse ici. Il croise un coquelicot, se pose dessus et devient tout rouge. Sur un massif de roses trémières il gagne du rose. Il lui manque le jaune. Il demande au soleil. Ce dernier lui offre un de ses rayons.

7 **Change l'ordre dans lequel le papillon découvre les couleurs. Déplace les phrases du texte de l'exercice 6 en faisant un glisser/déposer pour obtenir l'ordre suivant :**

blanc – bleu – vert – violet – orange – rose – rouge – jaune 

8 **Coche les icônes que tu as utilisées pour la mise en forme du texte.**

 ☐

 ☐

 ☐

 ☐

 ☐

9 **Colorie le papillon selon les couleurs données dans le texte de l'exercice 7.**

corrigés p. 91

8 Utiliser un logiciel de traitement de texte (4)

Modifier la mise en forme des paragraphes et des caractères

1 Coche la bonne réponse.

- Pour modifier la position de mon texte, je clique sur :

G I S ❑  ❑  ❑

- Dans la barre d'outils standard, on trouve les icônes :  ❑  ❑  ❑

2 Ouvre le fichier qui contient le texte sur le papillon (exercice 6 chapitre 7). Copie-le puis colle-le 2 lignes en dessous pour modifier la mise en page selon le modèle A. Recommence la même opération pour les modèles B et C.

A  **Utilise le corps 10.**

Le papillon sans couleur vit dans un monde froid et lisse, il veut connaitre l'univers.
À une petite violette des champs il vole du violet.
Alors il s'envole. Sur une feuille de chêne il attrape aussi du vert.
Dans un champ de bleuets il ramasse un peu de bleu.
Les orangers du verger lui donnent de l'orange.
Il prend un peu de blanc à un superbe lys qui pousse ici.
Il croise un coquelicot, se pose dessus et devient tout rouge.
Sur un massif de roses trémières il gagne du rose.
Il lui manque le jaune. Il demande au soleil.
Ce dernier lui offre un de ses rayons.

Il s'agit ici pour exemple de la police BrushScriptStd.

B  **Utilise le corps 14 et choisis ta police.**

Le papillon sans couleur vit dans un monde froid et lisse, il veut connaitre l'univers. À une petite violette des champs il vole du violet. Alors il s'envole. Sur une feuille de chêne il attrape aussi du vert. Dans un champ de bleuets il ramasse un peu de bleu. Les orangers du verger lui donnent de l'orange. Il prend un peu de blanc à un superbe lys qui pousse ici. Il croise un coquelicot, se pose dessus et devient tout rouge. Sur un massif de roses trémières il gagne du rose.
Il lui manque le jaune. Il demande au soleil.
Ce dernier lui offre un de ses rayons.

C **Utilise le corps et la police de ton choix. Centre tout le texte.**

Le papillon sans couleur vit dans un monde froid et lisse, il veut connaitre l'univers. À une petite violette des champs il vole du VIOLET. Alors il s'envole. Sur une feuille de chêne il attrape aussi du VERT. Dans un champ de bleuets il ramasse un peu de BLEU. Les orangers du verger lui donnent de l'ORANGE. Il prend un peu de BLANC à un superbe lys qui pousse ici. Il croise un coquelicot, se pose dessus et devient tout ROUGE. Sur un massif de roses trémières il gagne du ROSE. Il lui manque le JAUNE. Il demande au soleil. Ce dernier lui offre un de ses rayons.

3 **Les numéros dans le texte indiquent que tu utilises un élément de mise en page. Note les bons numéros sous chaque icône.**

....	....	....	....	....	....

[1]Rossignol en vol[2]

[3]Petit rossignol arrête de chanter, il veut voyager. Il s'envole d'abord pour [4]Londres, et se pose sur la grille [5]*de Buckingham Palace*. Là, il assiste ravi à la relève de la garde, avec ses chevaux et ses soldats aux chapeaux poilus.

Puis direction [6]Paris, où il contemple [7]*la tour Eiffel* et [8]*la Seine* avec ses bateaux mouches. Alors il file vers [9]*les Champs-Élysées* avec ses boutiques illuminées et [10]*son Arc de Triomphe.*

De là, l'oiseau vole vers [11]Venise, ses canaux et ses gondoles. Il s'arrête sur [12]*la place Saint-Marc*, regardant d'un drôle d'air ces oiseaux qu'on appelle pigeons.

Puis il décide d'aller au [13]Caire pour admirer [14]*le sphinx* et [15]**les hautes pyramides**. En descendant [16]*le Nil*, il se tord le cou pour voir [17]*les colosses de Memnon à Louxor.*

[18]Il s'élance pour traverser l'Atlantique et arrive à [19]New York.

Cette mégapole l'inquiète d'abord, puis il est conquis par ses grandes artères et ses taxis jaunes. [20]*La statue de la Liberté* semble l'inviter. Il se rend dans [21]*Central Park* pour discuter avec les écureuils, puis en haut [22]*de l'Empire State Building* pour contempler la vue exceptionnelle. Dans la foule [23]*de Times Square*, il admire stupéfait les néons de toutes les couleurs. Petit rossignol décide de chanter à

[24]**New York !**[25]

corrigés p. 91

Utiliser un logiciel de traitement de texte (5)

Construire un tableau

1 **Entoure l'icône qui permet de construire un tableau.**

 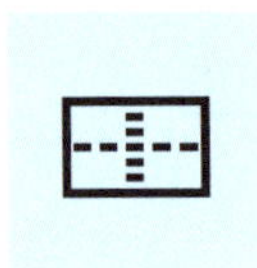   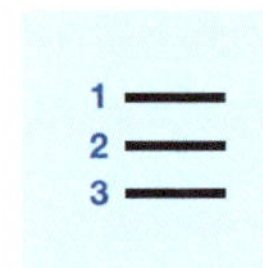

2 **Complète les réponses pour chaque tableau.**

a)

Nombre de cellules : .....

Nombre de lignes : .....

Nombre de colonnes : .....

b)

c)

Nombre de cellules : .....

Nombre de lignes : .....

Nombre de colonnes : .....

Nombre de cellules : .....

Nombre de lignes : .....

Nombre de colonnes : .....

Dans un tableau, on peut saisir les données que l'on veut et les modifier comme dans le traitement de texte.

3 **Relie les explications aux icônes de la barre d'outils du tableau.**

dessiner un tableau

style de trait

gomme

bordures extérieures

tri croissant

épaisseur de trait

tri décroissant

couleur de trait

somme automatique

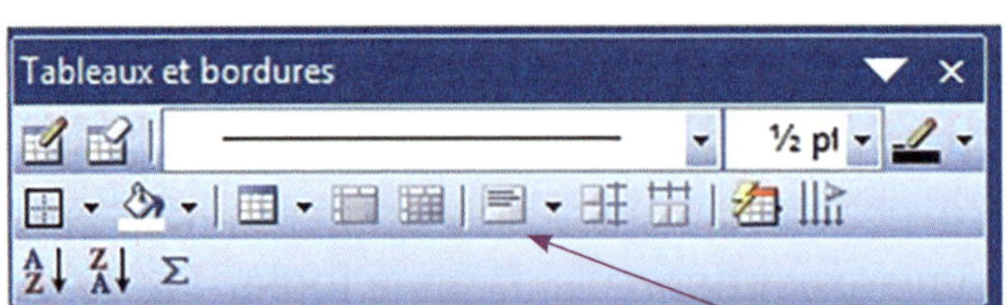

insérer un tableau

placer son texte

4 **Réalise un tableau identique au modèle ci-dessous.**
a) Saisis les cellules.
b) Surligne les nombres comme dans le modèle.

Effectifs des armées			
	1940	**1942**	**1945**
Japon	1 723 000	8 600 000	7 193 000
Royaume-Uni	2 212 000	3 784 000	4 653 000
États-Unis	458 000	3 844 000	11 858 000
URSS	500 000	9 000 000	10 800 000
France	5 500 000	50 000	550 000
Allemagne	5 000 000	8 600 000	9 500 000

5 **Résous ce problème en construisant un tableau.**
Trouve les nombres qui manquent.

Pendant le marché de Noël, les élèves de la classe de Monsieur Lasomme ont vendu plusieurs articles. Reproduis ce tableau et trouve le montant total de la recette, pour cela utilise la fonction « somme Σ » qu'on trouve dans la barre d'outils « Tableaux et bordures ».

Articles	**Quantité**	**Prix unitaire en €**	**Total en €**
Ballotins de chocolats	56	5	.....
Confiture de figues	68	3	.....
Gages de Noël (carnet de 10)	195	1	.....
Livres de coloriages de Noël	34	2	68
		Recette en €	.....

6 **À partir des températures que tu relèveras sur le site de Météo France, construis un tableau qui donnera les températures pour les villes suivantes.**

Paris – Lyon – Marseille – Toulouse – Bordeaux – Lille – Dijon.

corrigés p. 91

OUTILS NUMÉRIQUES

10 Utiliser un logiciel de présentation

Regrouper dans un même document du texte, des images ou du son

Il existe de nombreux logiciels de présentation : Powerpoint (utilisé pour ce chapitre) – Impress – Prezi – Slides – Visme – Canva – Evernote… Chacun possède sa propre interface.

1 Coche la page d'accueil du logiciel de présentation.

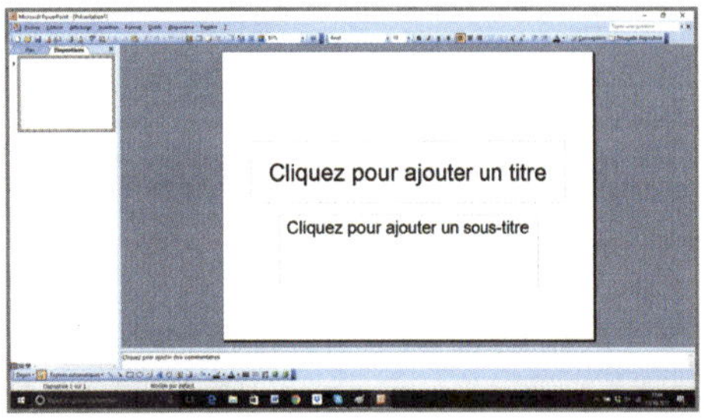

☐

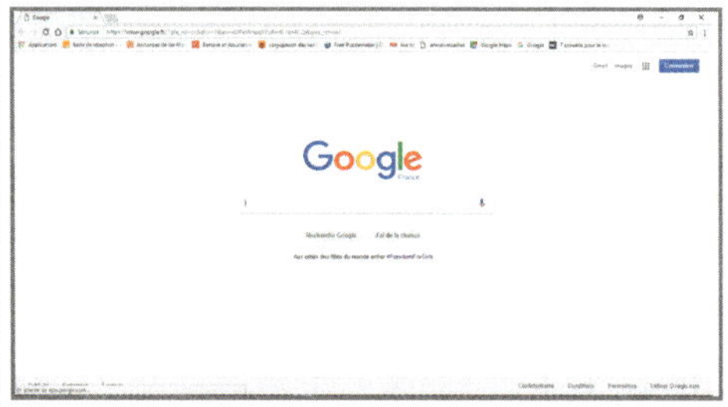

☐

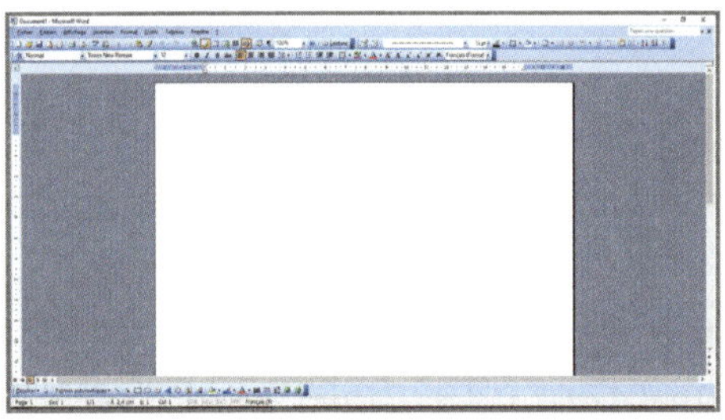

☐

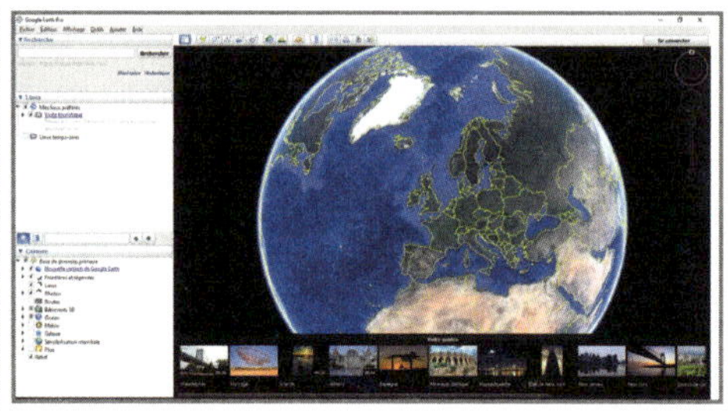

☐

2 Ouvre une nouvelle page de présentation sur ton ordinateur.

a) Écris le titre de ton exposé puis saisis le premier texte sur la première diapositive.

Pour associer du texte, des images et du son sur un même document, on doit ouvrir une page de présentation dans le logiciel.

Pour ouvrir une nouvelle diapositive, fais un clic droit sous la diapositive 1 puis un clic gauche sur « nouvelle diapositive ».

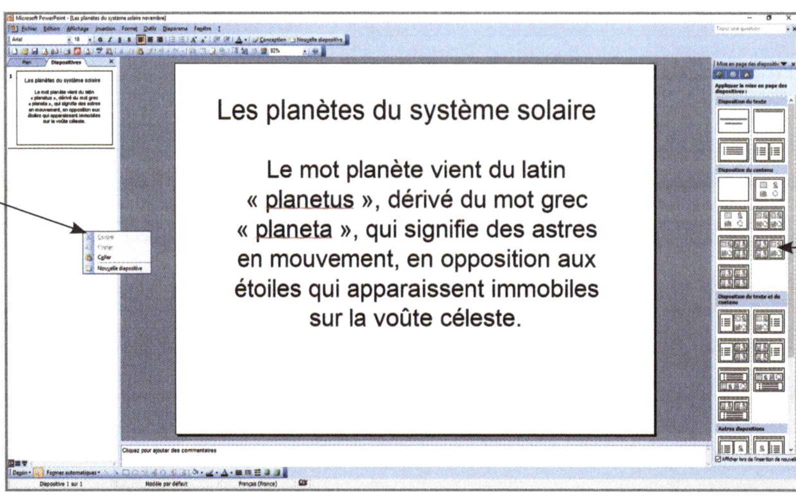

Pour changer la mise en page, fais un clic gauche sur « conception » puis sur « modèles de conception ». Choisis celui que tu veux.

b) Ouvre une nouvelle diapositive et choisis une nouvelle mise en page dans la colonne de droite.

c) Ouvre une nouvelle diapositive et insère une photo sous le texte.

Fais un clic gauche sur « insertion » puis un clic gauche sur « image » puis un clic gauche sur « à partir du fichier » puis fais ton choix.

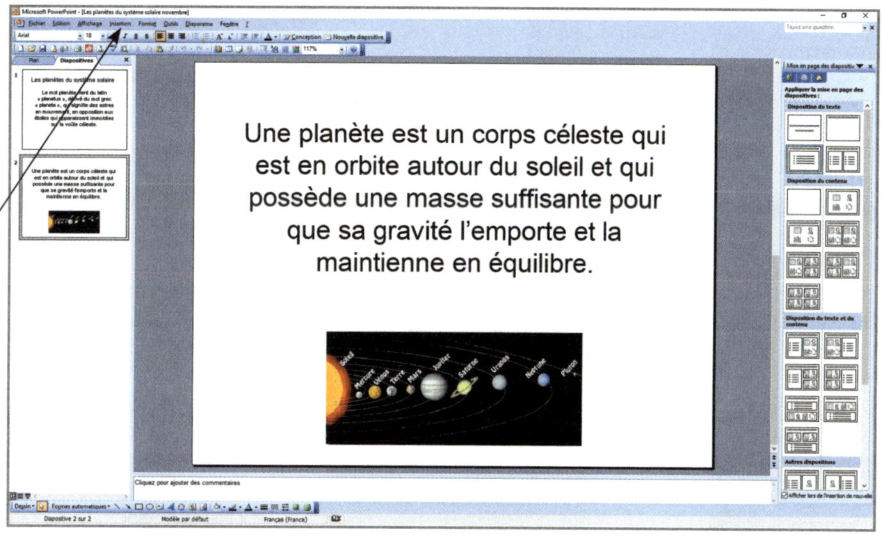

d) Ouvre une nouvelle diapositive et insère une vidéo sur ta page (avec ou sans texte).

Fais un clic gauche sur « insertion » puis un clic gauche sur « films et sons » puis un clic gauche sur « en provenance d'un fichier » puis fais ton choix.

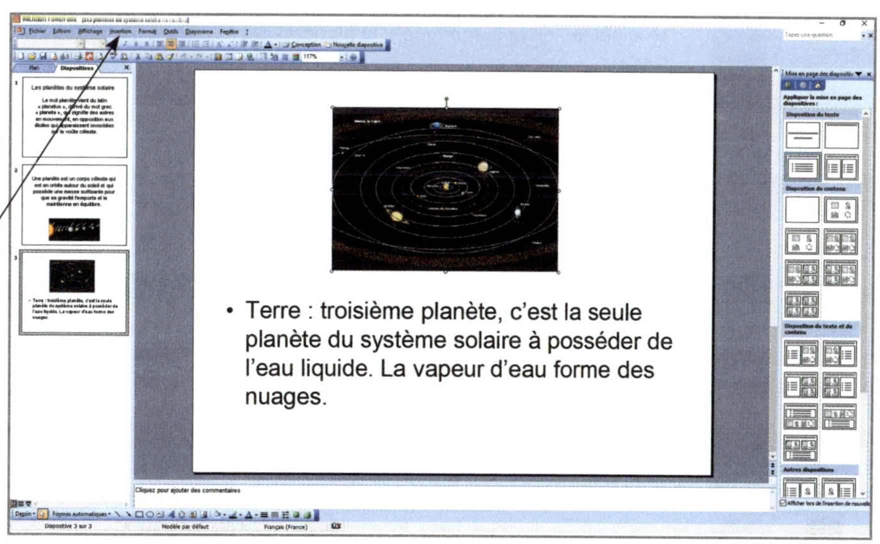

corrigés p. 91

e) **Ouvre une nouvelle diapositive et place du son.**

Fais un clic gauche sur « insertion » puis un clic gauche sur « films et sons » puis un clic gauche sur « en provenance d'un fichier » puis fais ton choix.

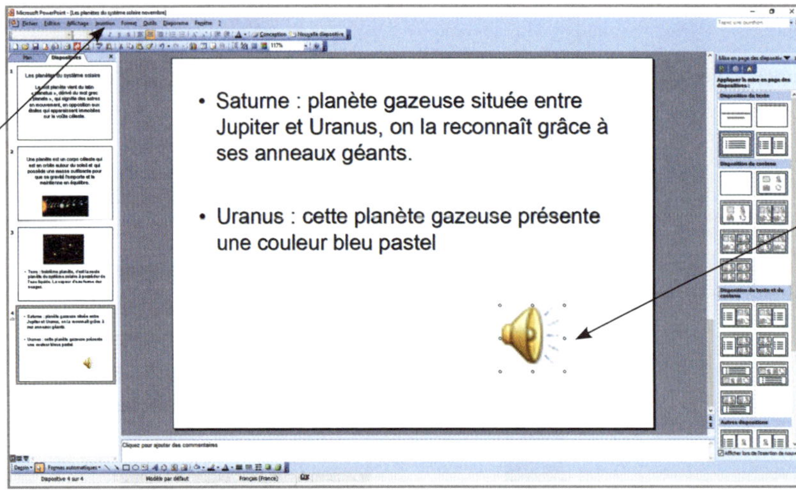

Icône du son. Tu peux cacher l'icône du son.

3 Pour toutes tes diapositives, choisis les jeux de couleurs.

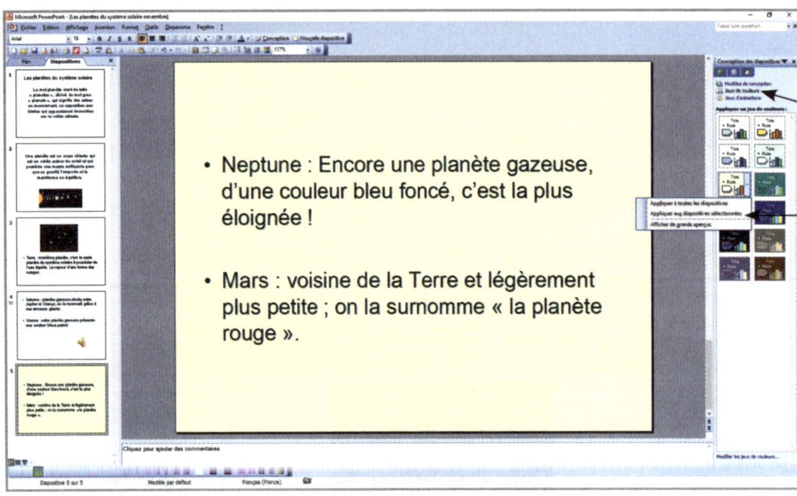

Fais un clic gauche sur « jeux de couleurs », choisis ta couleur puis décide si cette couleur doit être appliquée à toutes les diapositives ou juste à celle ouverte.

4 a) Pour chaque diapositive et pour tout ton diaporama, tu peux choisir des effets d'animations et la durée.

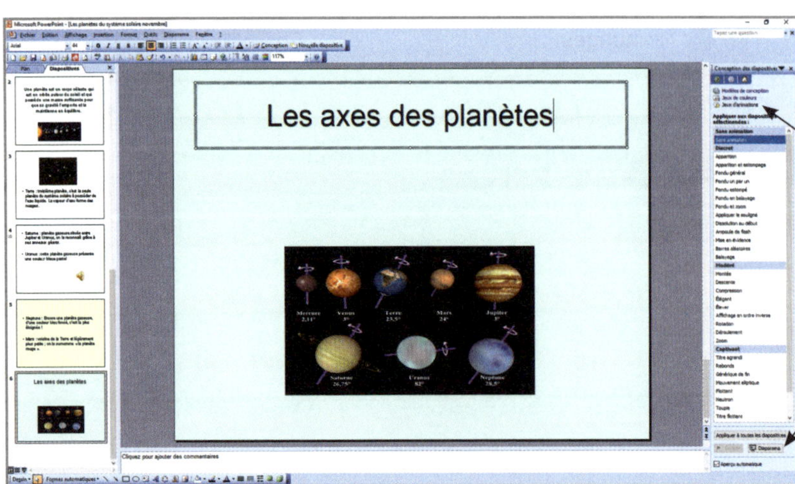

Fais un clic gauche sur « jeux d'animations » puis fais tes choix par diapositive. Choisis la durée.

b) **Ajoute autant de pages que tu veux, puis fais défiler ton diaporama en appuyant sur la touche F5.**

5 Réponds par VRAI ou FAUX.

- On peut choisir la durée de chaque diapositive. ....
- On peut ajouter du son sur chaque diapositive. ....
- On peut enregistrer sa propre voix sur une diapositive. ....
- On peut modifier une diapositive pendant que le diaporama défile. ....
- On peut ajouter des transitions entre chaque diapositive. ....
- On retrouve les mêmes barres d'outils que dans un traitement de texte. ....
- On ne peut pas laisser le diaporama défiler automatiquement. ....

6 Ouvre ton navigateur. Cherche trois diaporamas et note leurs titres.

1. ....
2. ....
3. ....

7 Voici quelques conseils pour réussir un diaporama et son exposé devant un public. Barre les intrus.

Choisir un sujet.

Bien disposer ses diapositives.

Ne pas mettre trop de texte sur chaque diapositive.

Masquer le nom de l'auteur.

Appliquer des transitions entre les diapositives.

Varier les contenus.

Faire la liste de tous les éléments nécessaires.

Utiliser des photos et des vidéos avec un son que l'on entend parfaitement.

Attention à l'orthographe.

Écrire à la main.

USB

Dès que tu as fini ton diaporama, tu peux l'enregistrer sur une clé USB pour le présenter à tes camarades de classe. Assure-toi que tous les fichiers images et sons sont aussi enregistrés sur la même clé.

corrigés p. 91

11 Les dangers et les enjeux citoyens liés à l'usage de l'informatique et d'Internet

1 **Regarde ce schéma simple des raccordements d'Internet à une maison. Dessine et nomme dans les cases des appareils qui peuvent être connectés à la box de la maison.**

Exemple de raccordement à Internet à la maison

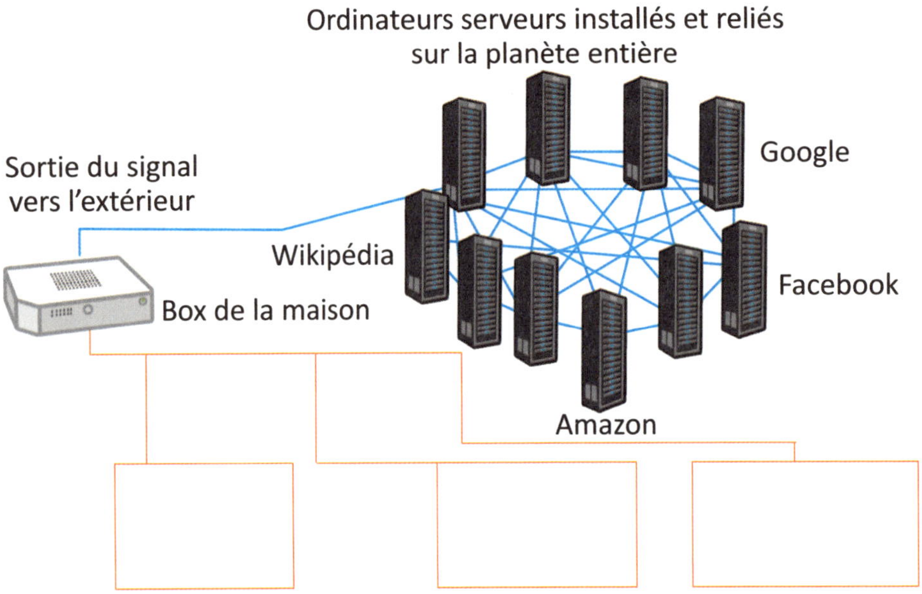

Internet est réglementé : il y a des droits et des devoirs comme dans la vie courante.

2 **Coche les affirmations qui sont vraies.**

a) Avec Internet, il y a des dangers pour :

l'ordinateur ❑ l'enfant ❑

les parents ❑ la maison ❑

b) Un logiciel antivirus sert à protéger :

les utilisateurs ❑ l'ordinateur ❑

les fichiers ❑ les appareils de cuisine ❑

c) Quelle est la fonction d'un antivirus ?

Scanner l'ordinateur pour le vérifier ❑

Détruire les virus ❑

Contrôler les entrées et sorties de fichiers ❑

Dans un logiciel antivirus on doit trouver :
- un pare-feu contre les intrusions des pirates ;
- une protection contre les logiciels espions ;
- un anti-phishing et un anti-spam contre les pourriels ;
- une protection en temps réel contre les sites web dangereux ;
- une protection contre le vol d'identité (mot de passe, données personnelles) ;
- une sauvegarde des données ;
- un contrôle parental.

3 **Complète le texte avec les mots suivants.**

Privée – image – contenu – prudent – indésirables – navigation – atteintes – alerter – protection – comportement – utiliser – propriété – conservées – autres – consultables.

Chaque utilisateur doit savoir qu'il a droit au respect de son .... et de sa vie .... et à la .... de ses données personnelles (nom, prénom, adresse, numéro de téléphone, composition de la famille). Il doit aussi être .... quand il donne son adresse mail car il risque de recevoir de nombreux courriels .... (des spam qui sont le plus souvent des messages publicitaires). Il doit respecter les .... dans le cadre de la communication électronique et de la publication en ligne, et ne pas écrire ou dire des injures et des insultes, des mensonges qui peuvent porter .... à une autre personne. Il faut savoir qui .... s'il se trouve face à un .... ou à un .... qui lui semble agressif. Enfin, si on veut .... un document trouvé sur le web, on doit s'assurer que l'on respecte la .... intellectuelle et dans quelles conditions on a le droit ou pas d'utiliser le document.

On sait que toutes les fois où on va sur Internet, toutes les informations de la .... sont .... et ....

4 **Lis les propositions et réponds par VRAI ou FAUX.**

Dans quelles conditions prend-on des risques sur Internet ?

- Quand on joue en ligne. ❑ VRAI ❑ FAUX
- Quand on regarde la télévision. ❑ VRAI ❑ FAUX
- Quand on laisse des commentaires sur un blog. ❑ VRAI ❑ FAUX
- Quand on télécharge. ❑ VRAI ❑ FAUX
- Quand on écoute de la musique. ❑ VRAI ❑ FAUX

5 **Trouve 3 noms de sites sécurisés. Leurs adresses commencent par https (s pour sécurisé).**

....

....

....

corrigés p. 92

12 Les différents comptes utilisateurs et les mots de passe

1 Remets la phrase dans l'ordre.

membre propre de peut famille avoir la un utilisateur et ainsi compte de son dispo-ser espace Chaque personnel.

2 Regarde cette capture d'écran et réponds aux questions.

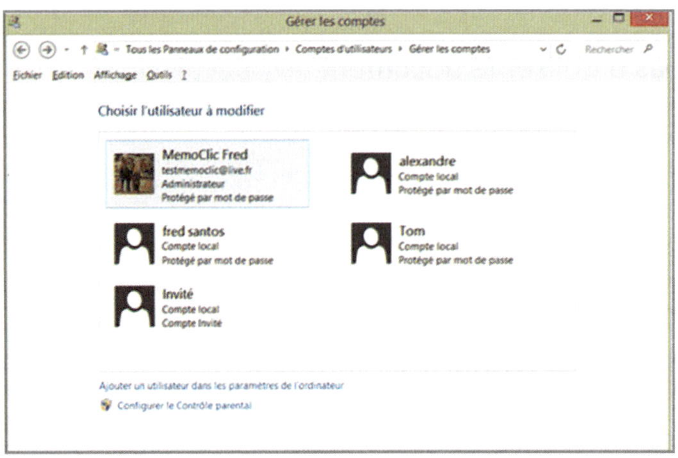

Chaque compte utilisateur doit être protégé par un mot de passe différent.

a) Combien comptes-tu de comptes utilisateurs ?

b) Quel est le nom du compte de l'administrateur ?

c) En quoi le compte invité est-il différent des autres ?

d) Quel est le compte qui va être modifié ?

Chaque utilisateur peut :
- paramétrer ses programmes (logiciels),
- disposer de ses propres fichiers et documents,
- avoir un compte personnel de messagerie,
- avoir sa liste de favoris dans son navigateur,
- disposer de protection grâce à son mot de passe.

3 Entoure le nom de l'utilisateur de ce compte.

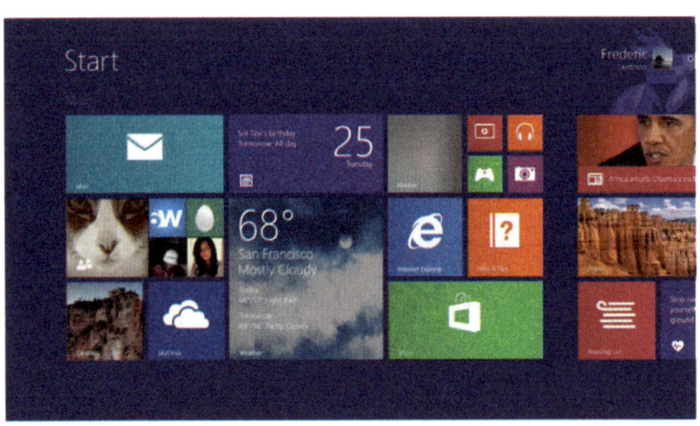

4 **Pour ouvrir sa session, Élio utilise un mot de passe. Découvre-le en remplaçant les mots par des lettres et des caractères spéciaux.**

J'ai acheté 9 cd pour cent dollars ....

Un mot de passe sécurisé doit comporter au moins 8 caractères (pas d'espace ni de lettre accentuée). On doit utiliser au moins une majuscule, 1 caractère spécial, 1 lettre minuscule et 1 chiffre.

5 **Colorie les objets que l'on peut associer à l'idée de « mot de passe ».**

6 **Coche les bonnes propositions.**

Pour créer un mot de passe, on ne doit jamais utiliser :

- ❑ sa date de naissance
- ❑ des lettres en majuscules
- ❑ des suites de nombres qui se suivent
- ❑ des caractères spéciaux
- ❑ un mot ou un prénom simple
- ❑ des informations personnelles

7 **Complète ces mots de passe en les retrouvant dans la grille. Place les éléments qui manquent à la place des points orange.**

. tv . q2tl' .
g . Xh . 1k . e
@ . 2jfL% .
A5 . ToVn .

D	5	1	>	x	&	a	C	9	m
z	à	t	µ	(	6	w	n	@	H
ç	-	v	!	k	A	3	§	C	e
8	=	m	q	l	5	8	0	2	f
9	i	q	K	h	L	k	o	j	D
é	g	2	X	h	T	1	k	f	e
w	@	t	r	G	o	z	7	L	£
$	6	l	+	5	V	L	µ	%	ê
j	p	'	«	Y	n	2	b	€	?
R	J	A	m	d	y	2	*	,	<

8 **Invente cinq mots de passe bien sécurisés.**

....

....

....

corrigés p. 92

Naviguer sur Internet
Utiliser un moteur de recherche

1 **Entoure les noms des moteurs de recherche.**

Google – Avast – Bing – Néro – Yahoo – Ask – Renardo – Avira – Clearoff – Internet Explorer

2 **Ouvre ton moteur de recherche puis relie les étiquettes au bon endroit sur la page d'accueil.**

revenir sur la page précédente

emplacement pour lire l'adresse de la recherche

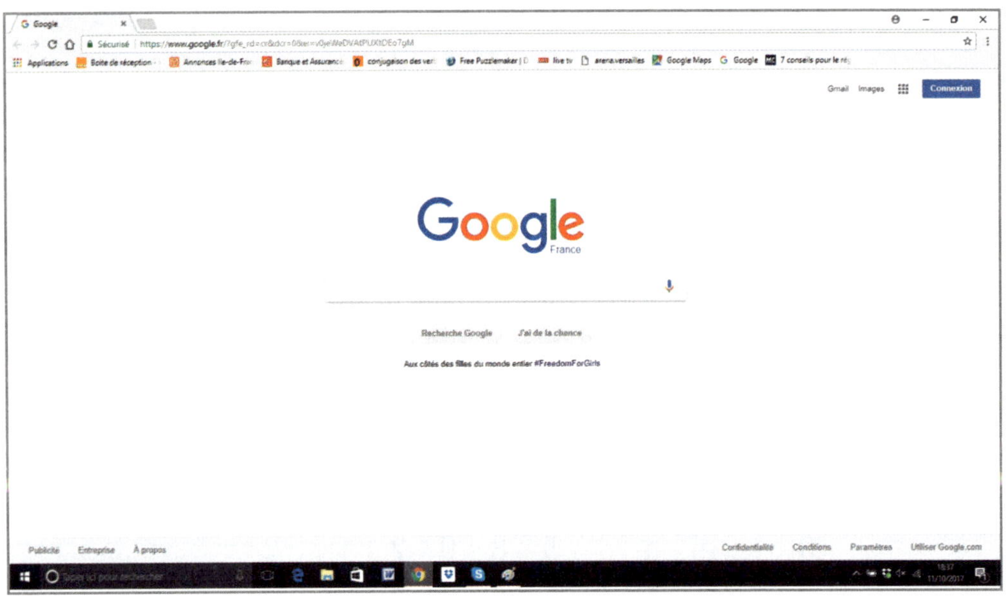

liste des favoris

ajouter aux favoris

liste des applications

nom du moteur de recherche

barre de recherches

3 **Pour compléter la définition de Moteur de recherche, copie l'adresse suivante dans ton moteur de recherche :** http://fr.wikimini.org/wiki/Moteur_de_recherche

Un moteur de recherche est un .... Internet qui permet de trouver des ...., des ...., des .... et d'autres .... sur Internet, sans connaitre leur .... Internet (URL), grâce à des ....

4 **Trouve et écris cinq autres noms de moteurs de recherche en naviguant sur le web.**

....

....

Avant de cliquer pour ouvrir une page sur un site, il faut :
- lire le petit résumé qui se trouve sous le nom du site,
- reconnaitre si un site est personnel, commercial, institutionnel ou encyclopédique,
- s'assurer que le site est sécurisé (https).

5 **Saisis les mots « scratch » puis « thymio » sur ton navigateur et note pour chacun l'adresse du premier site de la liste.**

- « scratch » https: ....
- «thymio » https: ....

6 **Saisis le mot-clé « météo » puis utilise la main pour ouvrir le lien et te rendre sur le site de Météo France.**

Chaque fois que la main apparait, tu peux faire un clic gauche pour affiner ta demande.

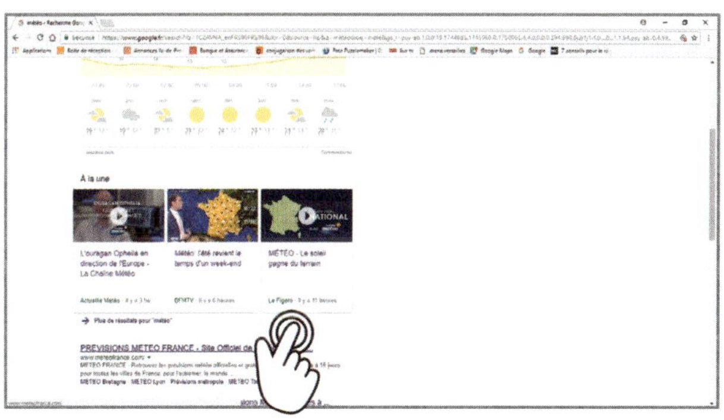

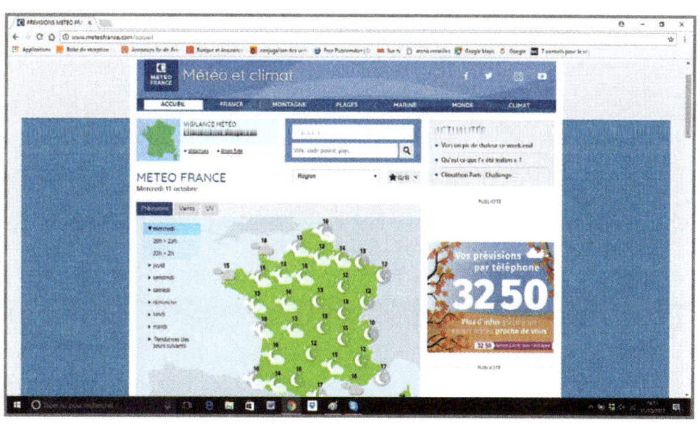

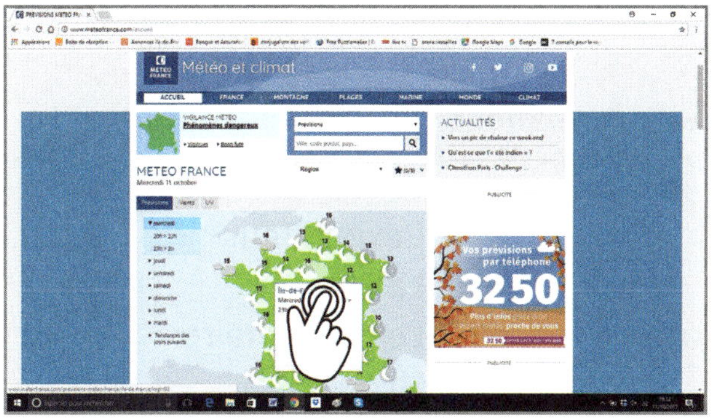

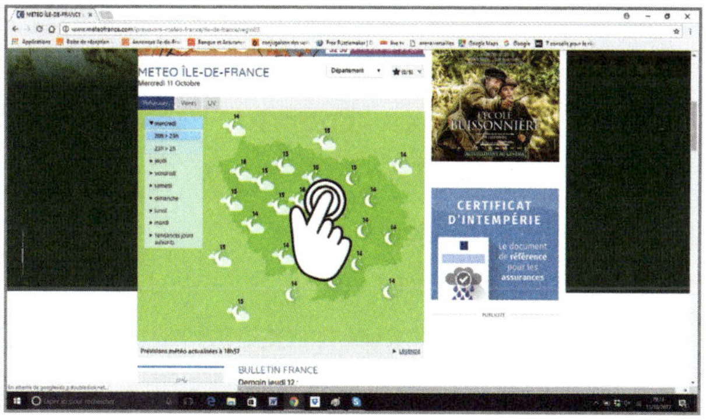

corrigés p. 92

OUTILS NUMÉRIQUES

14 Naviguer sur Internet
Lire un document numérique

Un document numérique est une forme de représentation de l'information que l'on peut consulter sur l'écran d'un appareil électronique.
Il peut contenir du texte, de l'image, de la vidéo et du son.

1 Barre les supports qui ne sont pas des documents numériques.

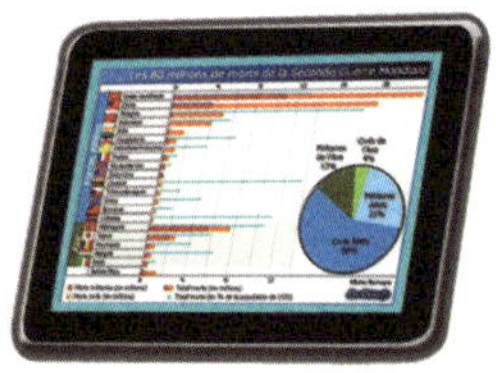

2 Colorie les bulles qui répondent à la question : pourquoi utiliser un document numérique ?

- Pour que le cartable soit moins lourd à porter.
- Pour avoir accès à de nouveaux supports.
- Pour écrire un message.
- Pour aller plus vite dans les recherches.
- Pour comparer avec un document papier.

3 Coche les bonnes réponses : quelles sont les informations que l'on va trouver dans un document numérique ?

- ❑ Le nom du site
- ❑ Le nom de l'auteur
- ❑ Les réponses aux questions que l'on se pose
- ❑ Le pays du site
- ❑ L'expéditeur
- ❑ Le titre
- ❑ Le destinataire
- ❑ La date

4 **Ouvre ton navigateur et saisis cette adresse :**
http://www.lepetitquotidien.fr/le-coin-des-exposes/par-themes/la-1ere-et-la-2nde-guerre-mondiale

- Quel type de document as-tu ouvert ? ....
- Quel est le nom du site ? ....
- Combien de pages illustrées sont présentées sur cette page ? ....
- Que se passe-t-il si tu cliques sur la page « Jean Moulin » ? ....

5 **Ouvre ton navigateur et saisis cette adresse :**
https://www.youtube.com/watch?v=GBE3a-d7FaE

- Quel type de document as-tu ouvert ? ....
- Quel est le nom du site ? ....
- Quel est le titre ? ....
- Combien de temps dure cette vidéo ? ....
- Cette vidéo est-elle sonore ? ....
- Quel est le dernier titre ? ....

6 **Ouvre ton navigateur et saisis cette adresse :** http://slideplayer.fr/slide/11784190/

- Quel type de document as-tu ouvert ? ....
- Quel est le nom du site ? ....
- Combien de pages compte-t-il ? ....
- Où et quand se passe la scène de la photo page 12 ? ....

7 **Quel est le thème commun à ces trois sites ?**

....

8 **Ouvre ton navigateur et cherche trois autres sites sur ce même sujet puis note leurs adresses.**

....

....

....

corrigés p. 92

OUTILS NUMÉRIQUES

15 Rechercher des informations sur un site Internet

La tour Eiffel

1 **Ouvre ton navigateur et saisis cette adresse :**
http://www.toureiffel.paris/

2 **Réponds aux questions suivantes en naviguant sur le site officiel de la tour Eiffel.**

Recherche 1

a) Sur la page d'accueil, combien de menus déroulants peux-tu ouvrir ? ☐

Clique sur LA TOUR DES ENFANTS.

b) Entoure la page qui s'ouvre.

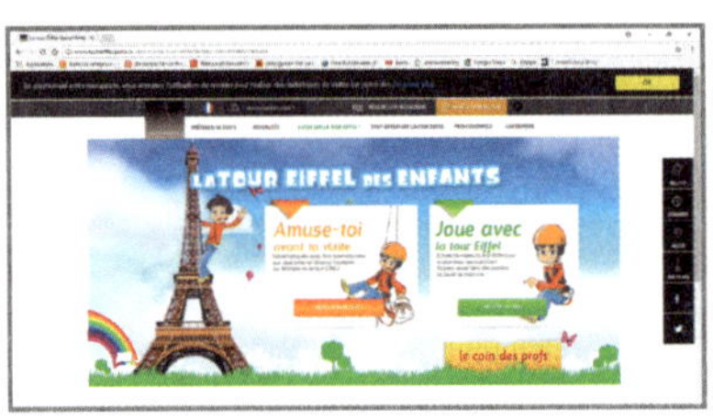

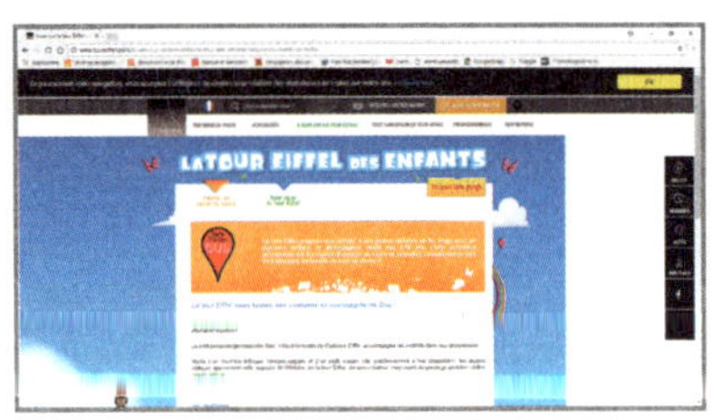

Clique sur VIENS SUIVRE GUS !

c) Qui est Gus ? ……………………………………………………………

d) En quelles langues est écrit le livret jeu ? ……………………………………

Recherche 2

Clique sur TÉLÉCHARGER LE LIVRET JEU.

a) Combien de pages comptes-tu ? ……………………………………………

b) Qui a construit la tour Eiffel ? ……………………………………………

c) Pour quelle occasion fut-elle construite ? ……………………………………

d) Combien de visiteurs accueille-t-elle par an ? ………………………………

Pour une bonne recherche, on doit :
- lire **la page d'accueil** avec attention,
- utiliser **le menu déroulant** qui présente le sommaire,
- identifier les différents **onglets** pour se déplacer sur le site,
- repérer et trier **les informations** (car elles sont très nombreuses).

e) Coche la bonne réponse. 1665, c'est :
- ❑ la naissance de Gustave Eiffel.
- ❑ le poids en tonnes de la tour Eiffel.
- ❑ le nombre de marches de l'escalier du pilier Est.

f) Que représente la dernière page ? ....

Recherche 3

a) Sur quel onglet dois-tu cliquer pour voir cette image ?

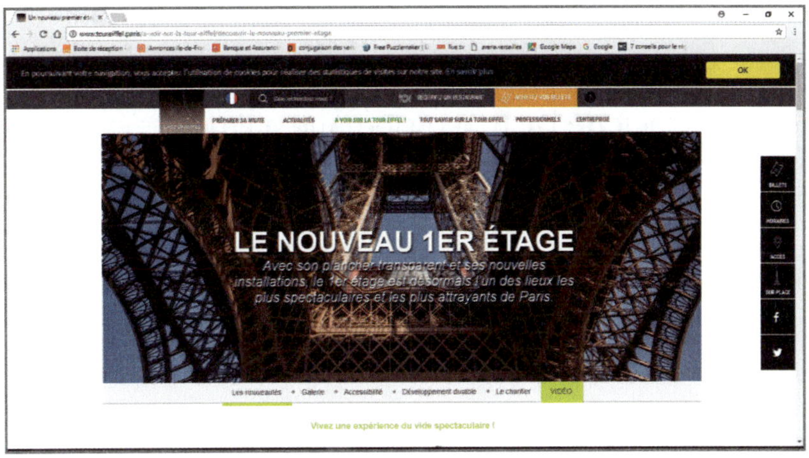

b) Quelle est la grande nouveauté du premier étage ? ....

c) Quelle est la durée de la vidéo ? ....

d) Combien a couté la rénovation de cet étage ? ....

Recherche 4

Dessine la tour Eiffel en t'inspirant des plans et des photos du site.

corrigés p. 93

16 Utiliser des logiciels

CD/DVD rom

1 Écris les mots logiciel – pilote – interaction devant la définition qui convient.

.... : Il s'agit d'un programme qui permet de communiquer avec l'ordinateur et de lui expliquer les fonctionnements d'une imprimante ou d'un appareil photos.

.... : Il s'agit de l'action réciproque qui peut s'exercer entre deux ou plusieurs objets, ou systèmes physiques.

.... : Il s'agit de l'ensemble des programmes, procédés et règles, et éventuellement de la documentation, relatifs au fonctionnement d'un ensemble de traitement de données.

2 Réponds aux questions en cochant la ou les bonnes réponses par proposition.

a) Un CD/DVD rom sert à :

❑ lire des données ❑ écouter de la musique ❑ envoyer un message

b) Sur un CD/DVD rom, on peut :

❑ dessiner ❑ stocker ❑ corriger

c) Pour lire un CD/DVD rom, on utilise :

❑ une clé USB ❑ un graveur ❑ un lecteur

d) Un CD/DVD interactif contient un logiciel avec :

❑ des données ineffaçables ❑ des images et du son ❑ une liste d'actions

e) Un CD/DVD logiciel pilote d'installation contient :

❑ les fichiers programmes pour faire fonctionner un périphérique (imprimante)

❑ des fichiers personnels

❑ un mode d'emploi

3 **Ouvre ton navigateur et saisis les mots « logiciels interactifs .... »**
(à la place des pointillés, écris ta classe : cm2 si tu es en cm2).
Écris les adresses de ceux que tu as testés.

....

....

....

4 **Ouvre ton navigateur puis télécharge le logiciel « scratch » sur ton ordinateur.**

a) Note le nom du site de téléchargement que tu as utilisé.

....

b) Écris maintenant toutes les actions qui vont te permettre d'installer ce logiciel.

....

....

c) Dessine le logo de ce logiciel.

5 **Choisis un CD audio/DVD rom d'un film (qui ne soit pas un jeu) et insère-le dans le lecteur de ton ordinateur. Explore le menu puis navigue dans le logiciel.**

a) Note le nom du disque : ....

b) Combien de chapitres ou de morceaux comptes-tu dans le menu ? ....

c) Choisis un chapitre ou un morceau et écoute ou regarde.

corrigés p. 93

OUTILS NUMÉRIQUES

17 Découvrir une boite mail

1 Recopie les adresses mail complètes en suivant les flèches.

petits.21	@wanadoo.fr	....
nage.heur	@free.fr	....
kalin@	.com	....
libien	yahoo.fr	....
lezenfants@	@net.fr	....
cfini@laposte	hotmail.com	....

Une adresse électronique, adresse e-mail ou adresse courriel, est une chaine de caractères permettant de recevoir du courrier électronique dans une boite aux lettres informatique. Elle s'écrit toujours en minuscules, sans accent et sans espace.

2 Coche la capture d'écran uniquement quand elle correspond à la page d'accueil d'une boite mail.

a)

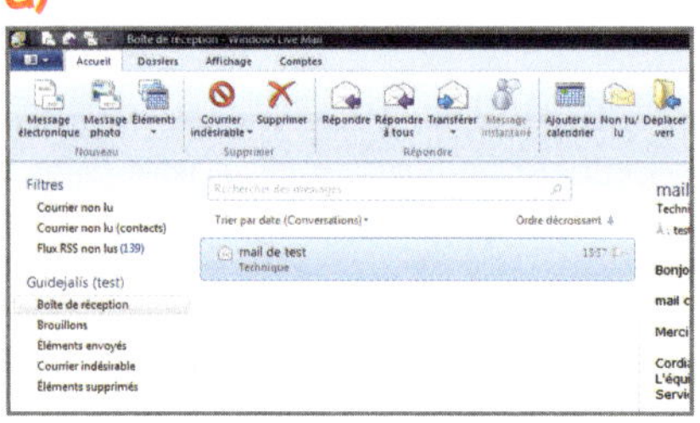

☐

b)

☐

c)

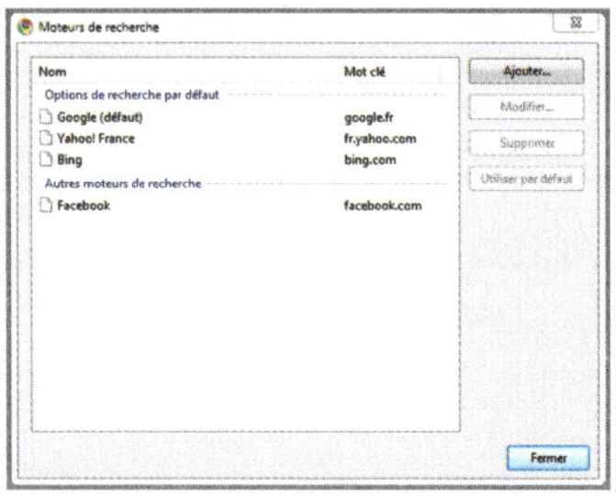

☐

d)

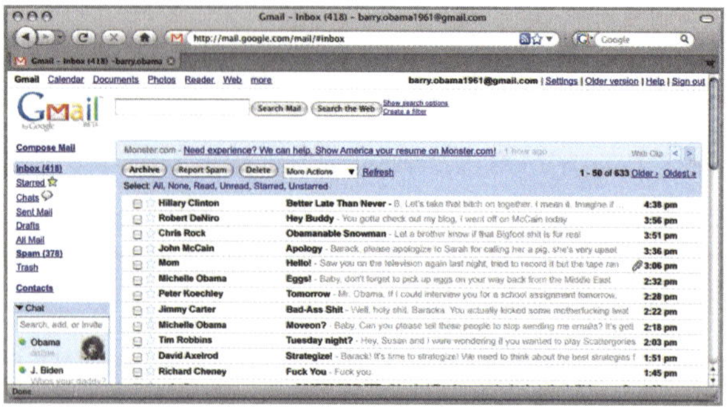

☐

e)

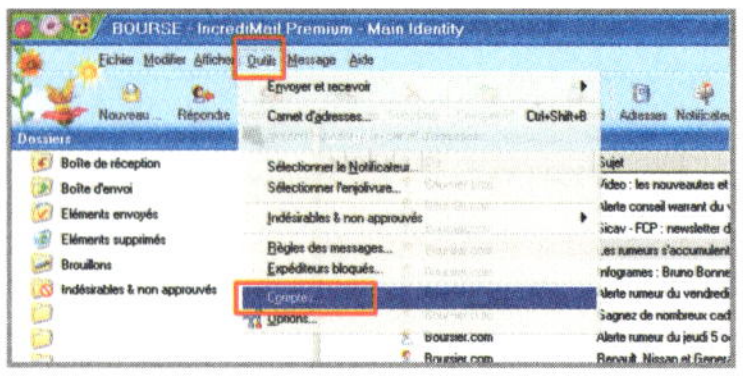

☐

La première partie de l'adresse est le nom de l'utilisateur. La deuxième partie est @ qui se prononce « arobase » et qui signifie « à l'adresse de ». La dernière partie est le nom du fournisseur de service. Elle se finit par .fr (c'est un site français) ou par .com (c'est, à la base, un site commercial).

3 Regarde la copie d'écran du mail puis relie les étiquettes au bon emplacement sur la page de la messagerie.

L'adresse du destinataire

L'adresse de l'expéditeur

La pièce jointe

L'objet du message

Le texte du mail

La signature

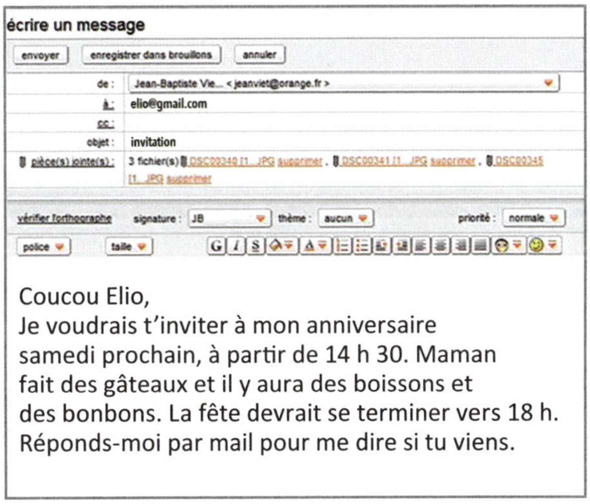

La pièce jointe : c'est un fichier que l'on ajoute au mail (une photo, une vidéo, un texte...).

L'objet du message : c'est le sujet principal du courriel.

4 Lis ce courriel puis réponds aux questions.

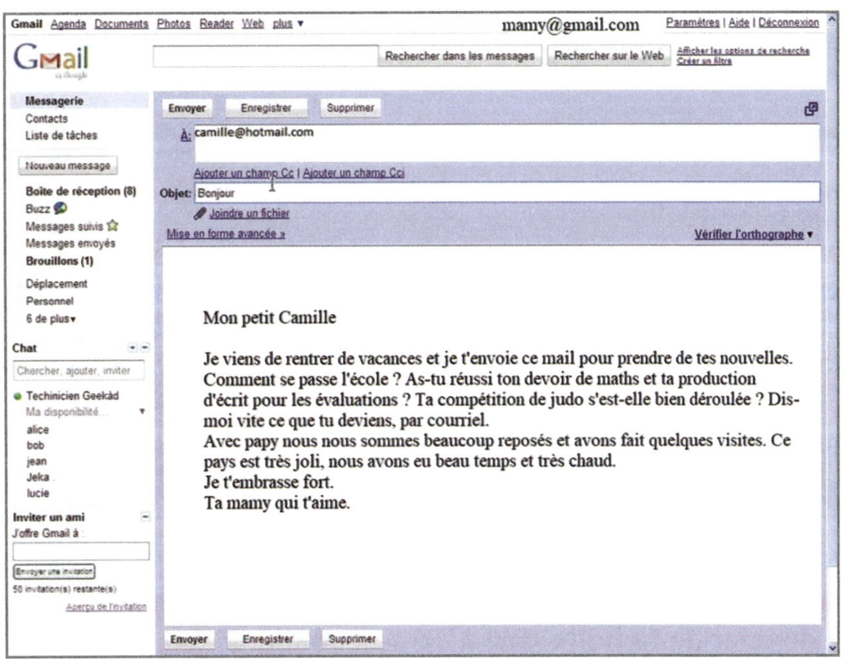

a) Écris l'adresse du destinataire : ....

b) Écris l'objet : ....

c) Écris l'adresse de l'expéditeur : ....

d) Quel sport pratique Camille ? ....

corrigés p. 93

OUTILS NUMÉRIQUES

18 Utiliser une boite mail

1 **Regarde cette copie d'écran et reporte le numéro qui convient devant chaque étiquette.**

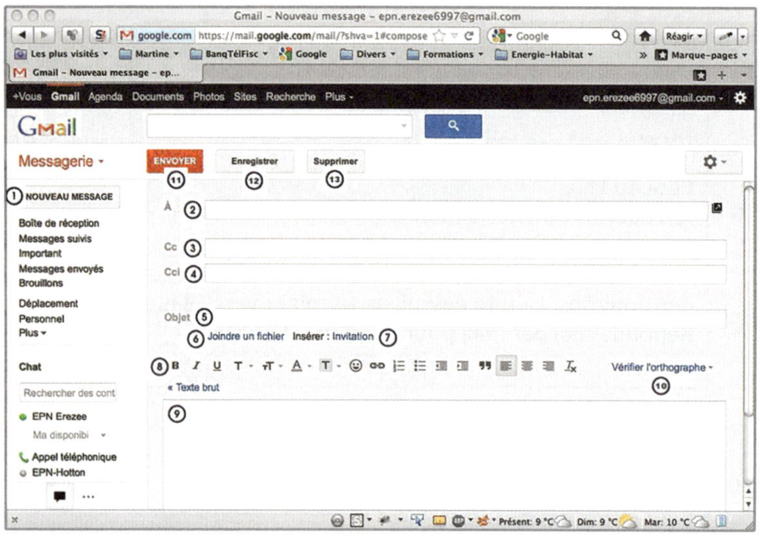

- ◯ Écrire un nouveau message
- ◯ Mettre une pièce jointe
- ◯ Joindre une invitation
- ◯ Adresse du destinataire
- ◯ Mettre en copie cachée
- ◯ Mettre en copie
- ◯ Le sujet du mail
- ◯ Pour supprimer le message
- ◯ Pour enregistrer une copie du message
- ◯ Texte
- ◯ Barre d'outils
- ◯ Correcteur d'orthographe
- ◯ Pour envoyer le message

2 **Relie chaque dossier de ta boite mail à ce qu'il contient.**

Brouillons •	• Tous les nouveaux messages.
Courrier indésirable •	• Les messages que l'on envoie.
Éléments supprimés •	• Les messages commencés mais pas envoyés.
Éléments envoyés •	• Tous les messages envoyés.
Boite de réception •	• Les mails, reçus ou envoyés, qui ont été supprimés.
Boite d'envoi •	• Les « spam », qui sont des messages à ignorer (ce sont des publicités ou des courriels malveillants), il ne faut pas les ouvrir.

Comment créer son adresse mail :
1. Se rendre sur le site d'un fournisseur de service.
2. Cliquer sur « créer un compte ».
3. Compléter le formulaire.
4. Suivre les étapes et valider.

3 **Ouvre ta boite mail et réponds aux questions.**

a) Que se passe-t-il lorsque tu ouvres ta boite de réception ?

....

b) Comment les messages sont-ils organisés ?

....

c) Comment reconnaitre un mail déjà lu d'un nouveau ?

....

4 **D'après ta boite mail, indique toutes les étapes à suivre pour envoyer un mail.**

....

....

....

....

5 **On peut envoyer des mails pour de nombreuses raisons : passer une commande, faire une réclamation, donner ou prendre des nouvelles de sa famille ou de ses amis, répondre à un mail, demander des informations, etc.**
Voici plusieurs modèles pour t'aider dans la rédaction de ton mail.

Modèle 1
Mon Papounou adoré,
Nous venons de rentrer du Portugal avec papa et maman, et j'avais très envie d'avoir de tes nouvelles. Après presque 2 mois d'absence, j'espère te voir très vite, même si je me suis beaucoup amusé avec mes cousines dans la maison de grand-mère là-bas. J'attends avec impatience de venir chez toi et profiter de la piscine. Gros bisous.

Modèle 2
Monsieur le Directeur,
Je m'adresse à vous, comme mes parents me l'ont conseillé, car j'aimerais devenir vétérinaire. Je voudrais connaitre le nombre d'années d'études, quel Bac est le plus adapté à cette formation, et les qualités demandées pour pouvoir exercer ce métier. Je vous remercie de bien vouloir répondre à mon mail, pour me donner toutes les informations dont j'aurais besoin le moment venu.
Mat Dupont.

Modèle 3
Salut Ben,
C'est Dylan, de la classe de Mme Soleil. Je tenais à te présenter mes excuses pour t'avoir attrapé par la capuche à la récréation, et t'avoir donné un coup de pied. Je sais que tu ne le méritais pas, je me suis emporté car nous étions en train de perdre le match de foot, et j'en suis vraiment désolé. J'espère que tu me pardonneras, et que demain nous pourrons de nouveau jouer ensemble. Si tu veux bien, envoie-moi un mail pour me dire ce que tu en penses.

corrigés p. 93

19 Connaitre les réseaux sociaux

1 **Complète la définition d'un réseau social avec les mots suivants :**

sociaux – profil – créer – logo – Internet – informations

Définition d'un réseau social : .... a permis le développement des réseaux .... dans la vie quotidienne. Avec un ...., ils permettent aux gens de .... une page et de partager des ...., photos et vidéos avec leur réseau (un groupement de personnes qui a un sens). On distingue plusieurs types de réseaux sociaux (personnel, professionnel...), et chacun est reconnaissable par son ....

2 **Quelles sont les personnes que tu pourrais inviter à te rejoindre si tu étais inscrit(e) sur un réseau social ?**

Tes professeurs ❑ Ta famille ❑ Des étrangers ❑
Tes copains ❑ Ton frère ❑ Tes copines ❑ Tes cousins ❑
Un passant ❑ Tes ennemis ❑

Il faut toujours être vigilant sur les réseaux sociaux et rester le maitre de la situation. Il faut se méfier des pièges que des gens peuvent tendre.

3 **Écris le nom de chaque réseau social dans les étiquettes.**

a) ....

b) ....

c) ....

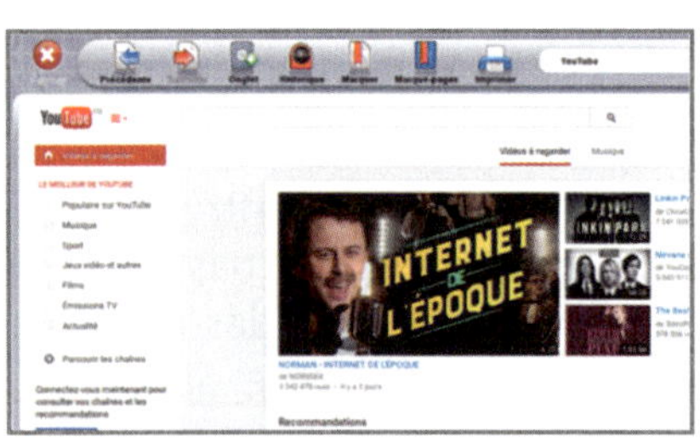

d) ....

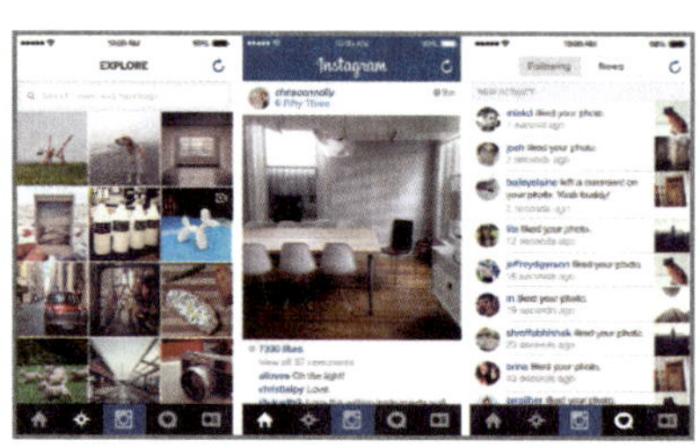

e) ....

f) ....

4 **Place les mots TOUJOURS ou JAMAIS dans les consignes de sécurité suivantes.**

a) Mon pseudonyme ou mon surnom ne dévoile .... rien sur moi.

b) Je ne donne .... rien en ligne ; pas de photo, pas de nom, pas de téléphone, ni d'adresses domestique ou électronique, ni le lieu où se trouve mon collège, ni le numéro de la carte de crédit de mes parents ! Je suis .... très prudent(e) en ligne.

c) Si je me sens harcelé(e) ou mal à l'aise, j'avertis .... un adulte responsable.

d) Je choisis .... un mot de passe difficile à deviner mais dont je peux facilement me souvenir. Je ne dévoile .... mon mot de passe, pas même à mes meilleur(e)s ami(e)s.

e) Je ne dois .... rencontrer une personne dont j'ai fait la connaissance sur Internet sans en parler à un adulte responsable qui m'accompagnera.

f) Je n'ouvre .... de mails, fichiers, liens, images ou jeux si je ne connais pas la personne qui me l'envoie.

g) Je respecte .... la vie privée, l'image et les sentiments des autres ! Je ne dis .... rien de raciste, ni d'injures sur les réseaux sociaux.

5 **Pour chaque logo, trouve son nom sur Internet.**

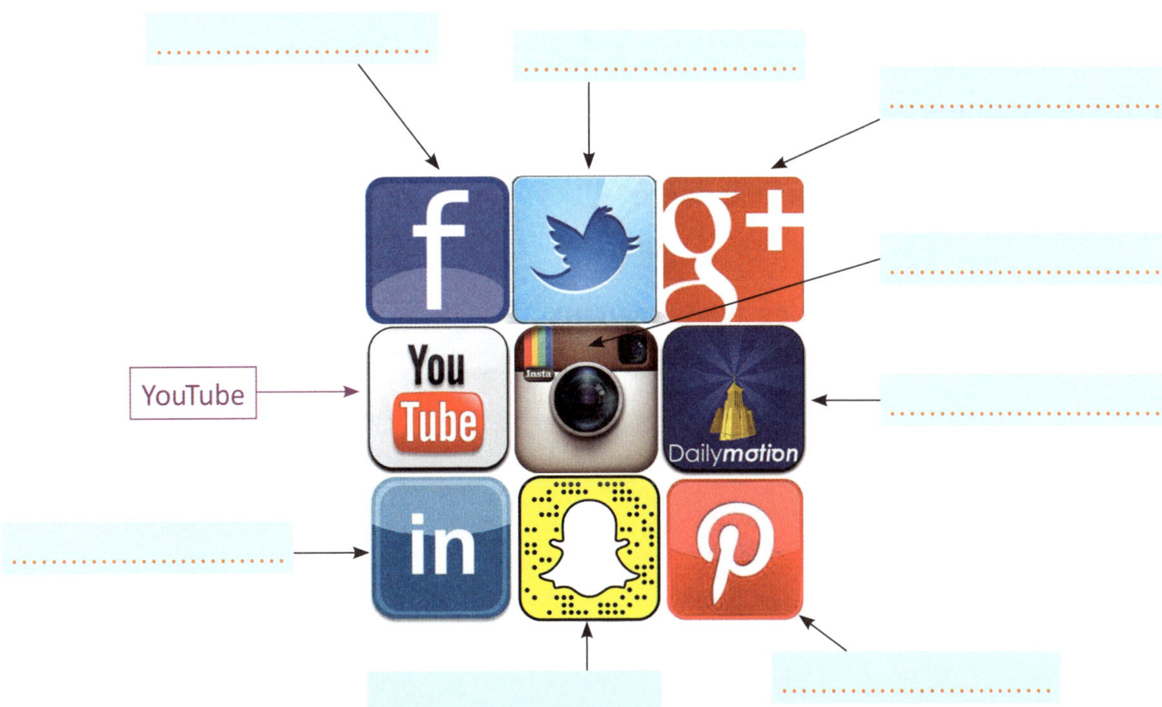

corrigés p. 94

20 Rappels élémentaires sur GéoTortue

Les jeux sur GéoTortue (anciennement Logo) sont des jeux de dessin. À partir d'un point de départ, un tracé est défini par une suite d'instructions.

La tortue est représentée par un rond décrivant sa carapace vue du dessus ○ avec une petite flèche pour la tête ▲. La flèche indique la direction dans laquelle marche la tortue.

1 Complète les étiquettes et la tête de la tortue.

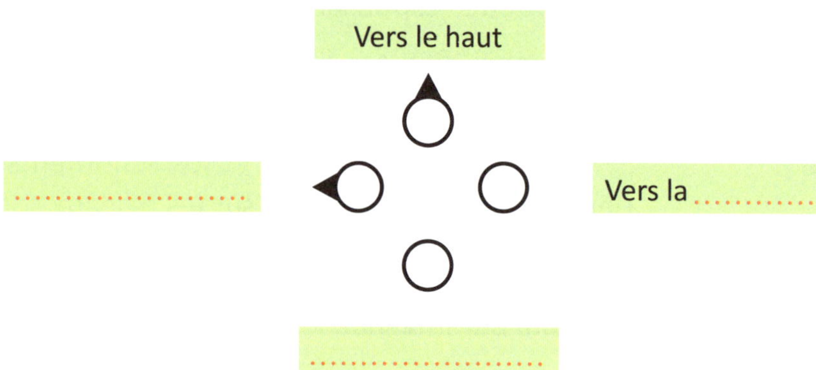

Pour commencer, on donne à la tortue des instructions simples : avance, tourne à droite, tourne à gauche. Il suffit de lui dire de combien elle doit avancer et dans quelle direction elle doit tourner. Dans ce cahier, l'unité de longueur sera toujours le **carreau** et l'unité d'angle sera le **degré**.

2 Complète les longueurs et les traits manquants.

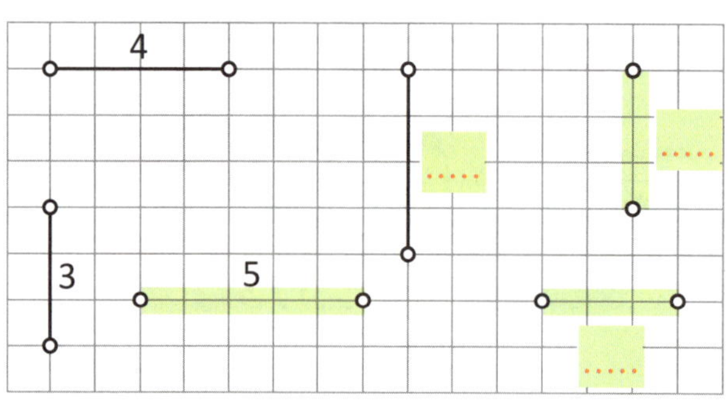

Pour les angles, voici quelques façons simples de les tracer.

- Le plus simple est l'angle droit car il suit le quadrillage.

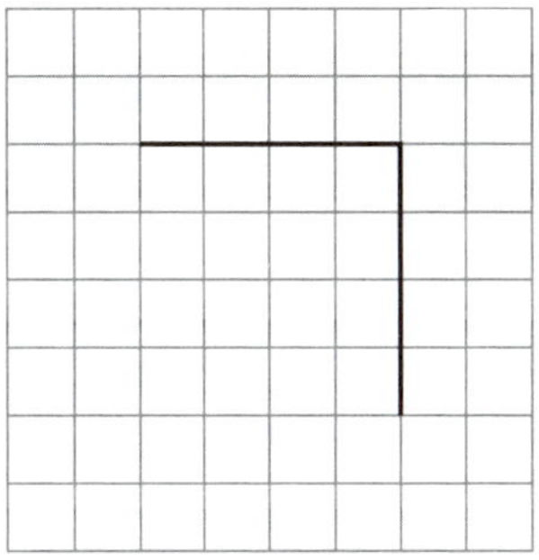

- Ensuite il y a l'angle à 45°, qu'on obtient en passant par les coins opposés des carreaux.

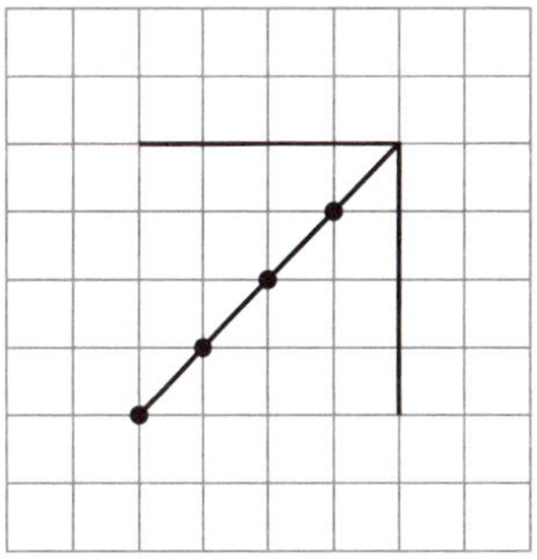

- Au besoin, pour tracer des angles de 30° ou 60°, nous utiliserons une équerre.

Nous représenterons nos dessins de plusieurs façons : des figures géométriques, des instructions écrites en langage courant et des symboles.

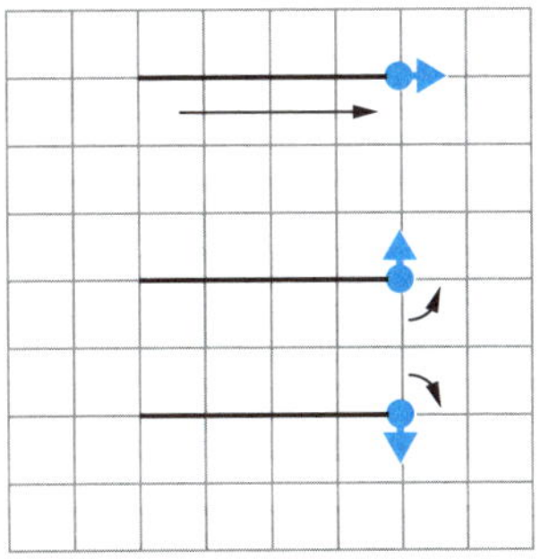

Avance de 4 carreaux 

Tourne à gauche de 90° 

Tourne à droite de 90° 

Tu pourras revenir à ce chapitre à chaque fois que tu auras un doute sur la façon dont sont représentés les schémas ou les séquences.

corrigés p. 94

21 Comprendre ce qu’est une séquence

1 Identifie le carré, le triangle rectangle et le triangle équilatéral dans les figures ci-dessous.

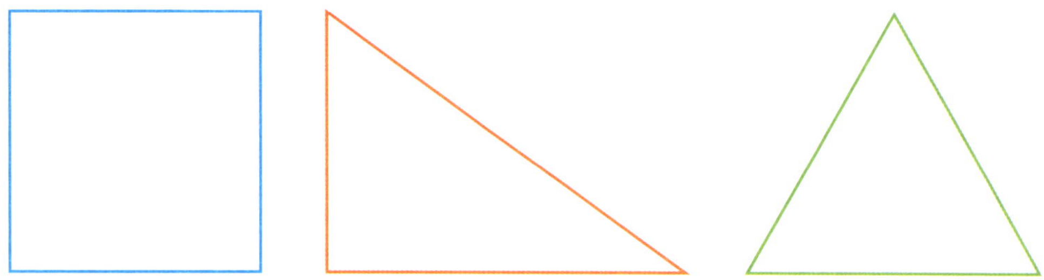

....

2 Maintenant, trace-les sans lever ton crayon, en partant du point de départ et en respectant l’orientation de départ. N’oublie pas de refermer la figure quand tu arrives au dernier point.

En programmant, il faut expliquer ce que l’on doit faire avec des instructions très simples. Par exemple, pour tracer ce carré, nous aurons besoin des instructions suivantes :

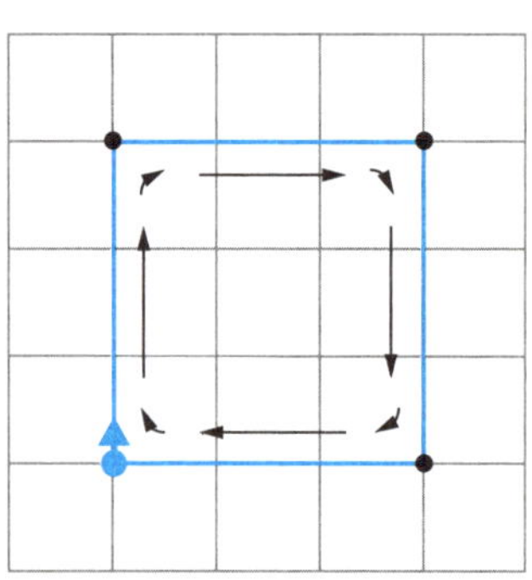

Avance de 3 carreaux

Tourne à droite de 90°

Avance de 3 carreaux

Tourne à droite de 90°

Avance de 3 carreaux

Tourne à droite de 90°

Avance de 3 carreaux

3 Retrouve les instructions manquantes dans les étiquettes pour tracer les figures ci-dessous. Dessine aussi ce qui manque sur les figures.

On appelle ces listes d'instructions des séquences.

a)

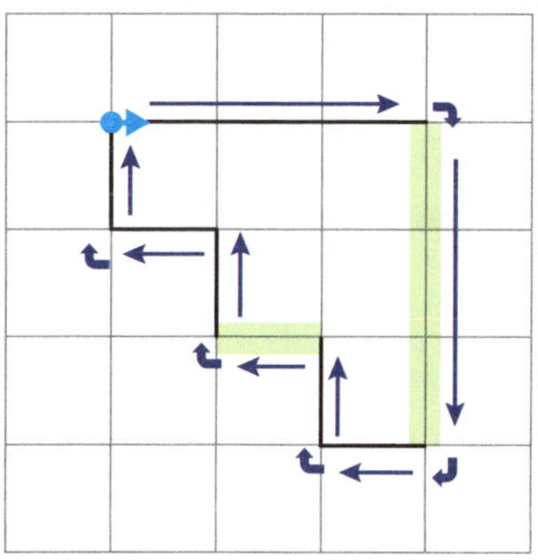

Avance de 3 carreaux

Tourne à droite de 90°

Avance de 3 carreaux …………

Tourne à droite de 90°

Avance de 1 carreau

………… …………

Avance de 1 carreau

Tourne à gauche de 90°

Avance de 1 carreau

…………

Avance de 1 carreau

Tourne à gauche de 90° …………

Avance de 1 carreau

Tourne à droite de 90° …………

Avance de 1 carreau …………

b)

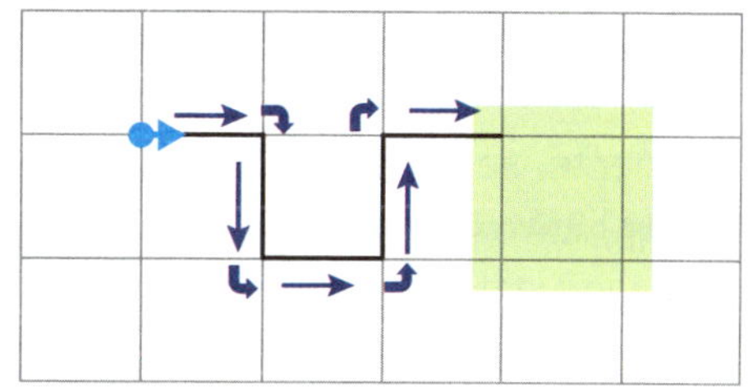

Avance de 1 carreau

Tourne à droite de 90°

…………

Tourne à gauche de 90° …………

…………

…………

…………

…………

Avance de 1 carreau

…………

Avance de 1 carreau

Tourne à gauche de 90° …………

…………

…………

…………

corrigés p. 94

CODAGE PROGRAMMATION

22 Écrire son premier programme

Connais-tu le site Internet Blockly Games ? Tu peux t'y rendre à l'adresse https://blockly-games.appspot.com. Clique ensuite sur l'icône de la tortue.

Une fois connecté, sélectionne la langue française en haut à droite et tu pourras bénéficier pleinement de l'aide et des conseils en ligne.

L'interface du jeu est très intéressante : les instructions sont représentées sous forme de puzzle à assembler.

- Sur la gauche de l'interface se trouve l'espace de traçage, le bouton d'exécution et les menus contenant les commandes.

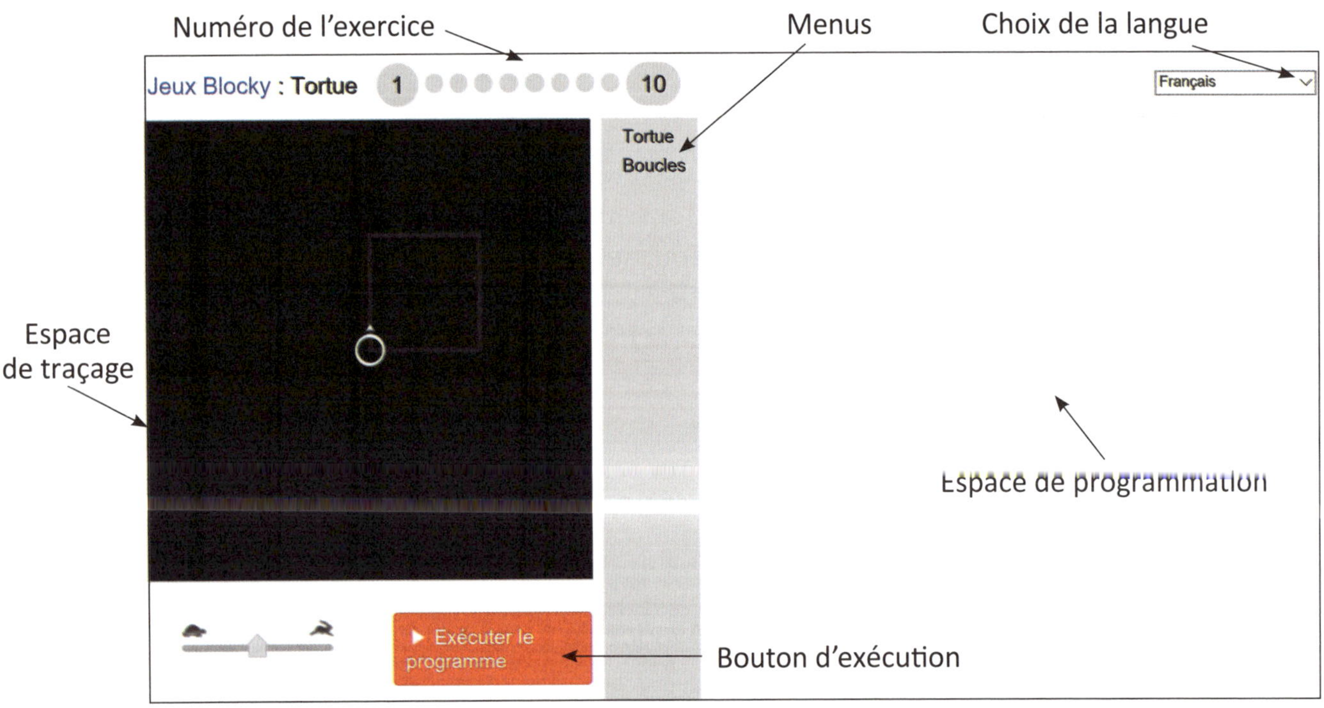

- Au centre se trouve le menu : au fur et à mesure que tu avanceras dans les exercices, il te proposera de nouvelles possibilités.
- Sur le côté droit se trouve l'espace de programmation. C'est dans cet espace que tu vas dessiner ton puzzle avec tes instructions.

Pour obtenir un diagramme, tu dois cliquer sur une entrée du menu et la pièce du puzzle viendra se placer dans l'espace de programmation. Tu peux ensuite la déplacer et la brancher sur une autre pièce en faisant un cliquer-déplacer.

Le premier exemple que te propose le site est le carré.

1 Retrouve la séquence pour tracer le carré et complète les étiquettes.

- avancer de 100
- tourner à droite de ↻ 90°
- .... de ....
- tourner à ....
- .... de ....
- tourner à ....
- .... de ....
- tourner à ....

2 Trace les figures qui correspondent aux séquences.

Sélectionne l'exercice 10 pour programmer la figure que tu veux. Dans cet exercice, on considère qu'un carreau vaut 50 pas de la tortue.

a)

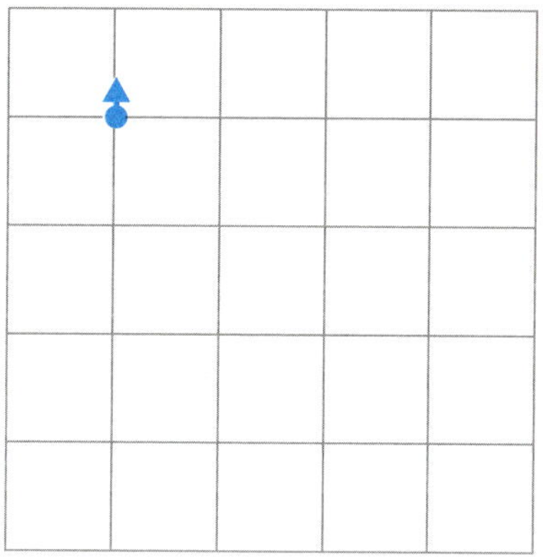

- tourner à droite de ↻ 90
- avancer de 150
- tourner à droite de ↻ 90
- avancer de 150
- tourner à droite de ↻ 90
- avancer de 50
- tourner à droite de ↻ 90
- avancer de 50
- tourner à gauche de ↺ 90
- avancer de 50
- tourner à droite de ↻ 90
- avancer de 50
- tourner à gauche de ↺ 90
- avancer de 50
- tourner à droite de ↻ 90
- avancer de 50

b)

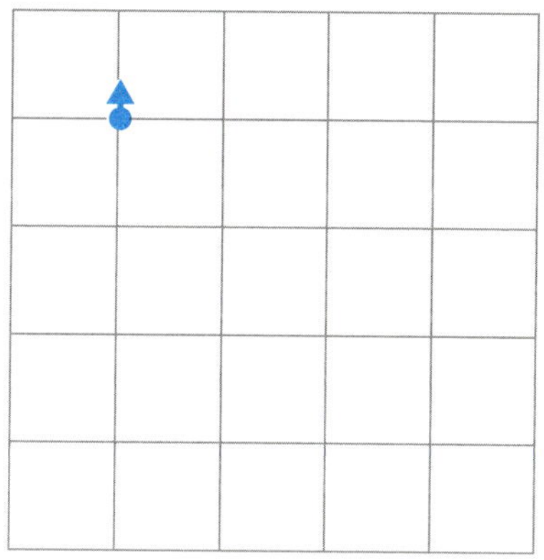

- tourner à droite de ↻ 90
- avancer de 50
- tourner à droite de ↻ 90
- avancer de 50
- tourner à gauche de ↺ 90
- avancer de 50
- tourner à gauche de ↺ 90
- avancer de 50
- tourner à droite de ↻ 90
- avancer de 50
- tourner à droite de ↻ 90
- avancer de 50
- tourner à gauche de ↺ 90
- avancer de 50
- tourner à gauche de ↺ 90
- avancer de 50

corrigés p. 95

23 Rappels élémentaires sur Scratch Jr

Un petit mot pour les parents

Scratch Jr est **un logiciel** destiné aux enfants qui permet de faire ses premiers pas en **programmation** de façon innovante grâce à la création d'un dessin animé. Tous les aspects de la programmation n'y sont pas abordés bien sûr, mais cela constitue une excellente première approche de la discipline. L'interface est intuitive, adaptée pour les enfants, et leur permet de mettre facilement en place leurs créations puis de les consulter ou de les partager entre amis.

Aussi les chapitres suivants 24 à 27 proposent-ils des exercices de création autour de la fable de Jean de La Fontaine, *La Cigale et la Fourmi*. Ils ne se substituent pas au travail fait en classe ni même à un vrai cours sur Scratch Jr. Étape par étape, votre enfant va ainsi assimiler une nouvelle façon d'apprendre et de réviser ses récitations. Il s'en servira également pour s'évaluer par rapport à la lecture qu'il aura enregistrée.

Le logiciel Scratch Jr (édité par Scratch Foundation) doit être installé et opérationnel sur **une tablette** (Apple ou Android) à laquelle votre enfant a accès. Toutes les activités des chapitres 24 à 27 sont destinées à être reproduites sur une tablette ou sur le cahier.

Pour l'enfant

Nous allons mettre en place une pièce de théâtre sous forme de dessin animé. C'est encore une nouvelle façon de programmer. Cette pièce de théâtre va raconter la fable de *La Cigale et la Fourmi* écrite par Jean de La Fontaine au XVIIe siècle. C'est une poésie que l'on découvre en classe et que l'on demande souvent aux élèves d'apprendre par cœur puis de réciter. Grâce au petit jeu qui va suivre, tu vas pouvoir apprendre ce texte tout en t'amusant.

Nous allons procéder par étapes. Notre pièce de théâtre va être jouée par 3 acteurs (Julie, Alain et un chat) et elle va se dérouler en 3 scènes. Pour aller jusqu'au bout du jeu, tu vas avoir besoin d'une tablette pour créer ce dessin animé !

La Cigale et la Fourmi, **fable de Jean de La Fontaine**

La Cigale, ayant chanté tout l'été,
Se trouva fort dépourvue
Quand la bise fut venue :
Pas un seul petit morceau
De mouche ou de vermisseau.
Elle alla crier famine
Chez la Fourmi sa voisine,
La priant de lui prêter
Quelque grain pour subsister
Jusqu'à la saison nouvelle.
« Je vous paierai, lui dit-elle,
Avant l'août, foi d'animal,
Intérêt et principal. »
La Fourmi n'est pas prêteuse :
C'est là son moindre défaut.
« Que faisiez-vous au temps chaud ?
Dit-elle à cette emprunteuse.
– Nuit et jour à tout venant
Je chantais, ne vous déplaise.
– Vous chantiez ? j'en suis fort aise :
Et bien ! dansez maintenant. »

24 Créer la scène de *La Cigale et la Fourmi*

Tu vas lancer Scratch Jr sur ta tablette pour créer un nouveau projet.

1 Suis les instructions ci-dessous et nomme ce projet « La Cigale et la Fourmi ».

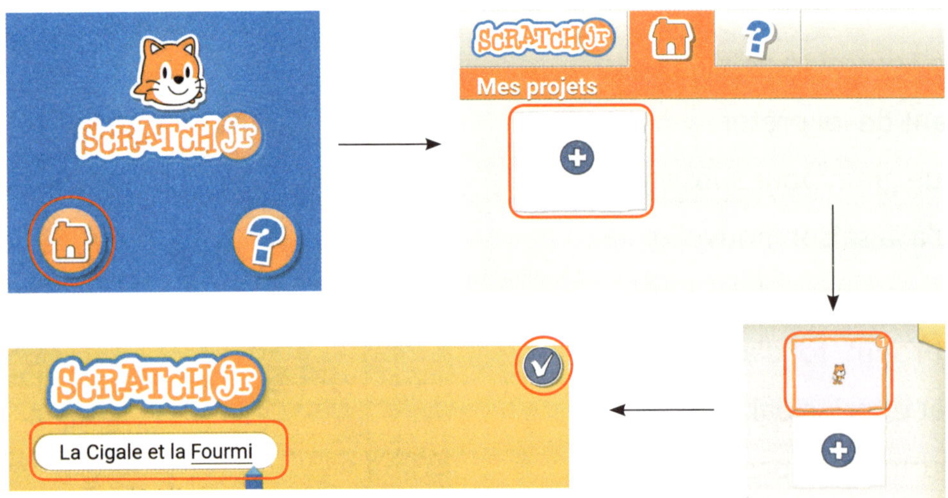

Puis mets en place le fond de la scène en sélectionnant le décor théâtre.

2 Pour cela, entoure ci-dessous les boutons sur lesquels tu dois cliquer.

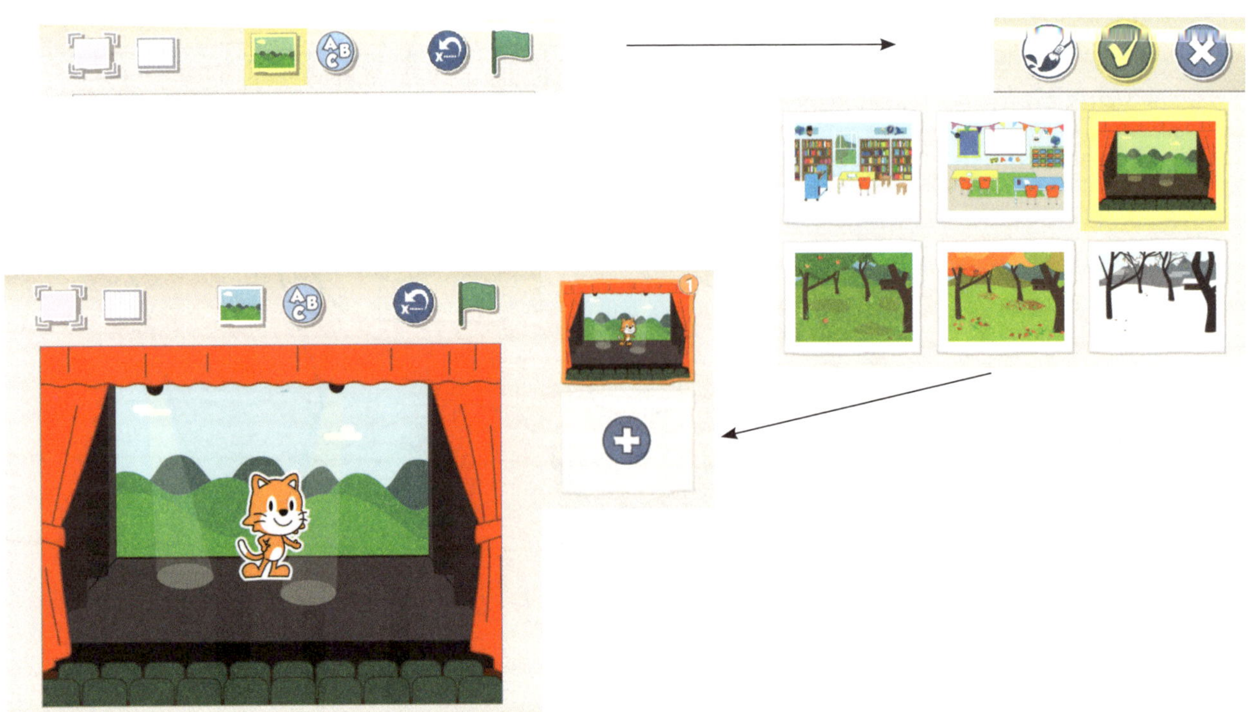

3 **Pour créer le début de la scène, sélectionne l'icône jaune dans le menu de gauche puis fais un cliquer/déplacer de l'icône du drapeau de départ vers la surface de travail.**

Le cadre rouge accompagné d'une flèche indique que tu dois déplacer l'icône.

Maintenant, on va insérer le texte du début de la fable. C'est le chat qui parle.

4 **Fais un cliquer/déplacer sur l'icône rose avec une bulle, place-le à côté du drapeau. Et saisis le premier vers de la fable dans l'étiquette prévue à cet effet.**

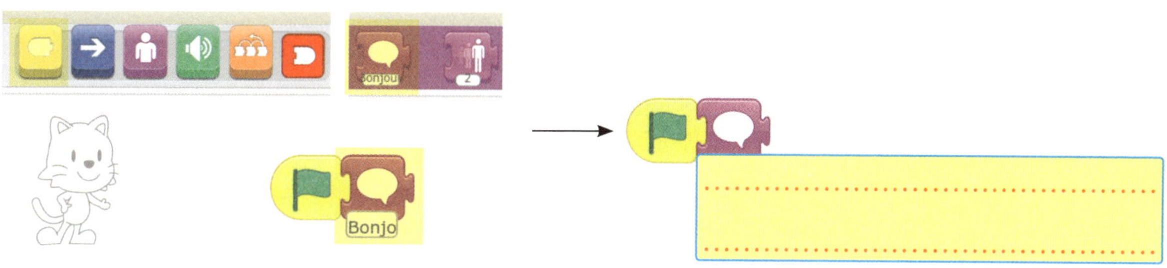

Pour saisir les vers suivants, il te suffit de faire la même opération en cliquant/déplaçant un nouvel icône bulle, un pour chaque vers que tu saisis.

5 **Complète les étiquettes et entoure les puzzles sur lesquels tu cliques ou que tu déplaces.**

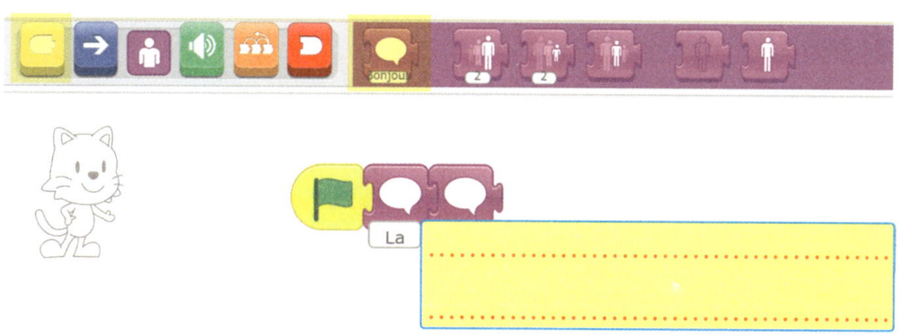

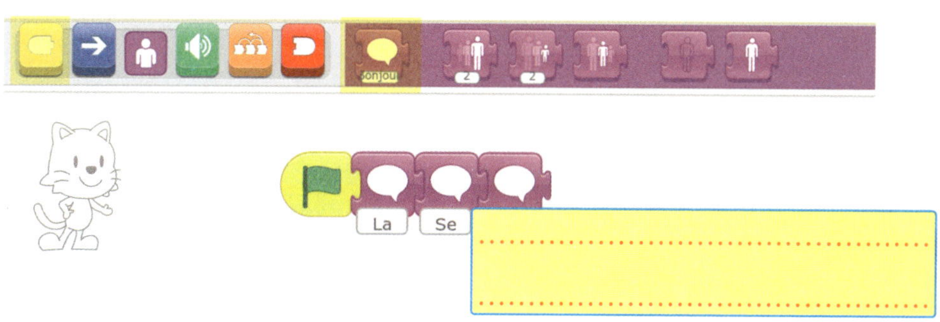

Insérons maintenant le son.

6 **Commence par t'enregistrer en lisant la première phrase. Puis déplace le puzzle vert à la fin de la séquence.**

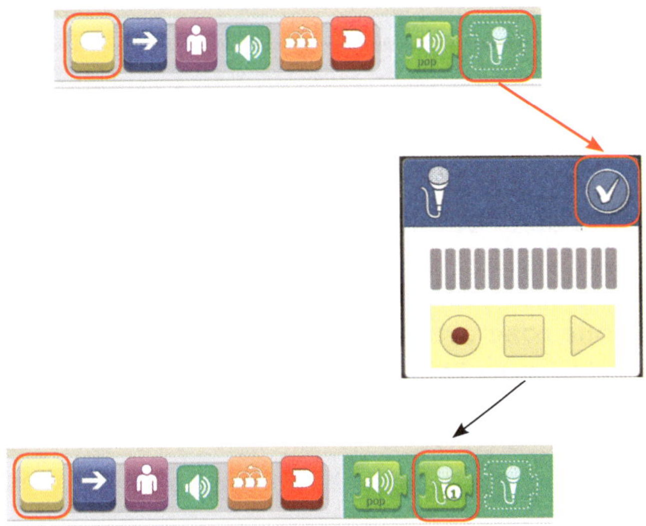

Pour enregistrer

Pour arrêter d'enregistrer

Pour écouter

7 **Recopie dans les zones bleues et vertes les 7 vers des lignes 4 à 10.**

4 ....

5 ....

6 ....

7 ....

8 ....

9 ....

10 ....

8 Sur ta tablette, crée 7 nouveaux puzzles de bulles avec les 7 nouveaux vers pour obtenir la séquence ci-dessous.

9 Enregistre-toi en train de lire les vers 4 et 5 puis les vers 6, 7, 8, 9 et 10 comme dans l'exercice 6. Tu dois voir apparaitre 2 nouveaux puzzles « micro » dans la barre de menu.

10 Fais maintenant glisser les 2 puzzles « micro » dans la séquence puis le puzzle de fin.

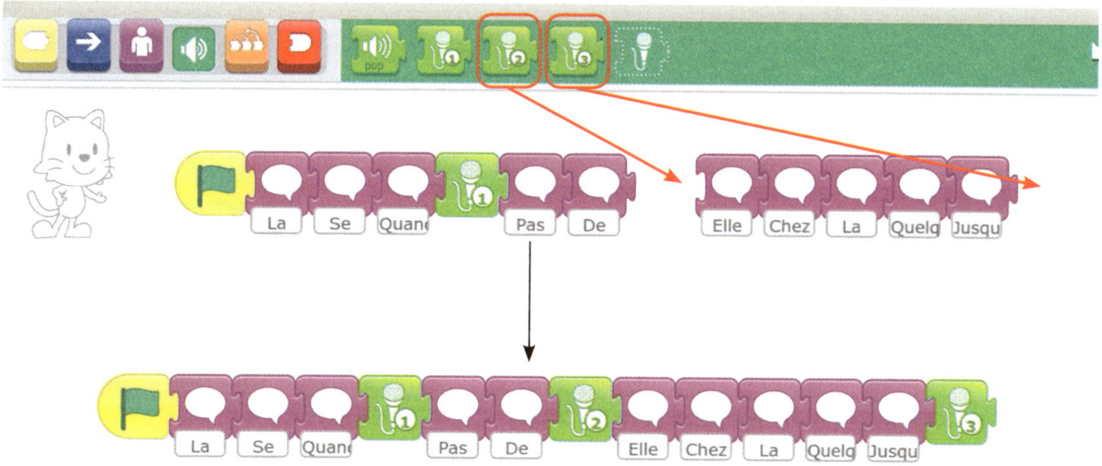

Bravo, la première scène de la pièce de théâtre est terminée.

Fais bien attention à joindre tous les puzzles entre eux, c'est très important.

CODAGE PROGRAMMATION

25 Créer, intégrer et déplacer un personnage dans la scène (1)

Le personnage de la Cigale

Nous avons créé une première scène dans le chapitre 24. Nous allons maintenant en créer une nouvelle pour mettre en scène le personnage de la Cigale (vers 11 à 13).

1 Complète l'illustration en entourant les icônes sur lesquels il faut cliquer pour ajouter cette scène.

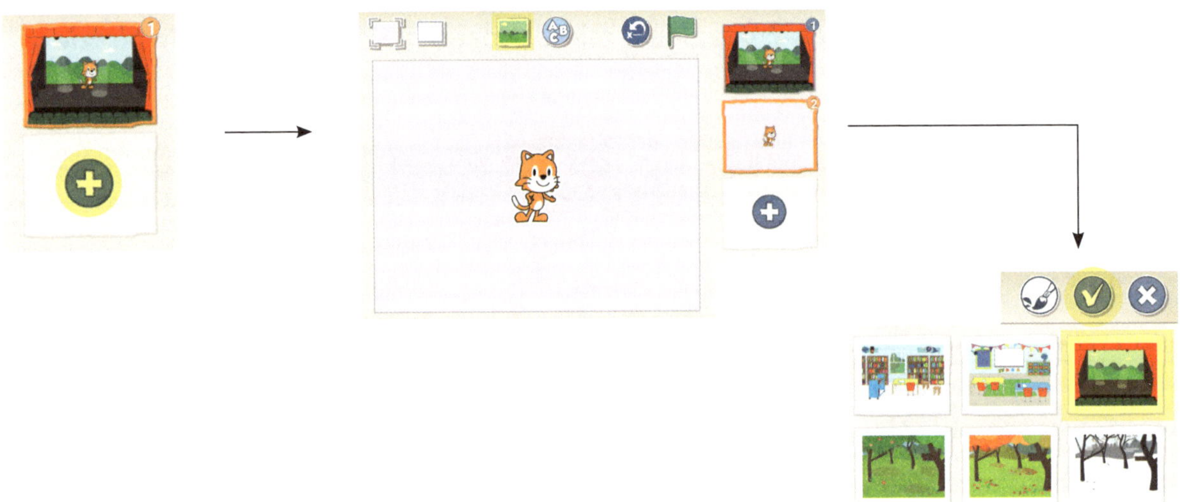

On ajoute un personnage : la petite fille qui jouera le rôle de la Cigale.

2 Reproduis sur ta tablette les étapes suivantes :

La petite fille apparait au milieu de la scène, il va falloir la déplacer sur le bord.

3 Déplace la petite fille sur le bord gauche de la scène.

4 Pour s'y retrouver plus facilement, nous allons changer le nom de notre personnage : appelons-le « Lucie ».

5 Nous allons maintenant ajouter une transition entre les deux scènes.

6 Occupons-nous de l'entrée en scène de Lucie. Elle arrivera par la gauche et fera 4 pas vers le centre de la scène.

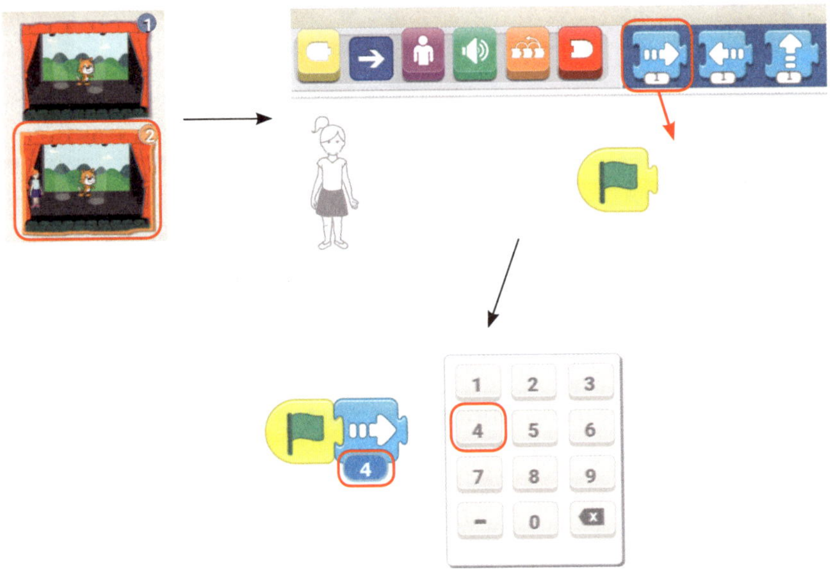

La calculette apparait lorsqu'on clique sur la zone où est écrit le chiffre 4.

Maintenant occupons-nous de sa récitation. Ajoute les bulles pour ses 3 vers (lignes 11 à 13) puis enregistre ta voix.

7 Complète les étapes à l'intérieur des étiquettes ci-dessous.

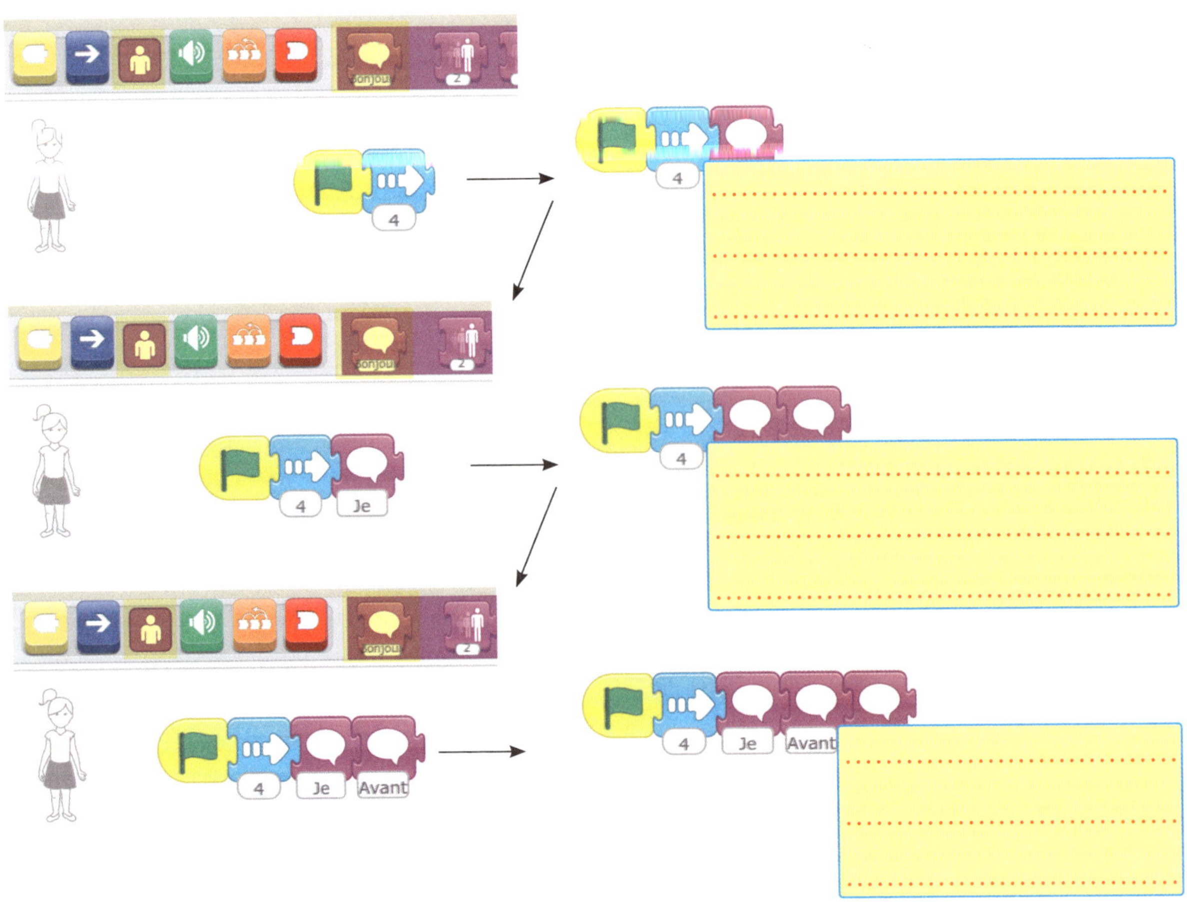

8 Nous avons terminé les 2 premières scènes, tu peux maintenant regarder et exécuter la séquence en plein écran.

9 Retrouve l'ordre de passage des écrans et numérote-les.

A..................

B..................

C..................

D..................

corrigés p. 95

26 Créer, intégrer et déplacer un personnage dans la scène (2)

Le personnage de la Fourmi

Nous allons ajouter une nouvelle scène, le décor du théâtre, le personnage de Lucie et le nouveau personnage d'Alain (un petit garçon) pour les vers 14 à 21.

1 Complète l'illustration ci-dessous en entourant les icônes sur lesquels il faut cliquer pour ajouter une nouvelle scène et les 2 personnages.

Le chat va parler le premier, c'est donc lui qui va faire démarrer la transition depuis la deuxième scène. Nous allons ensuite rajouter les puzzles pour les 2 vers 14 et 15 et le son.

2 **Complète l'illustration ci-dessous en entourant les icônes sur lesquels il faut cliquer.**

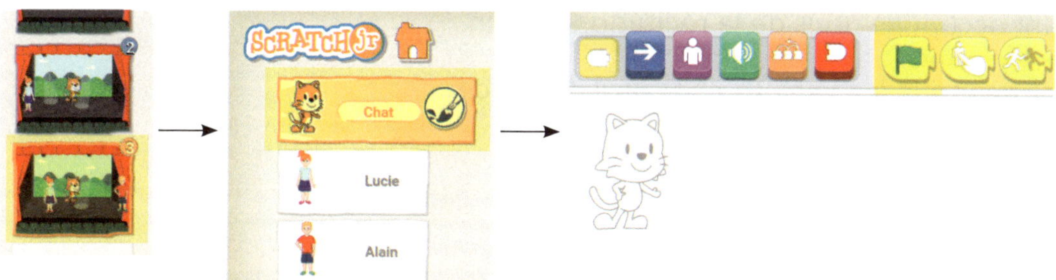

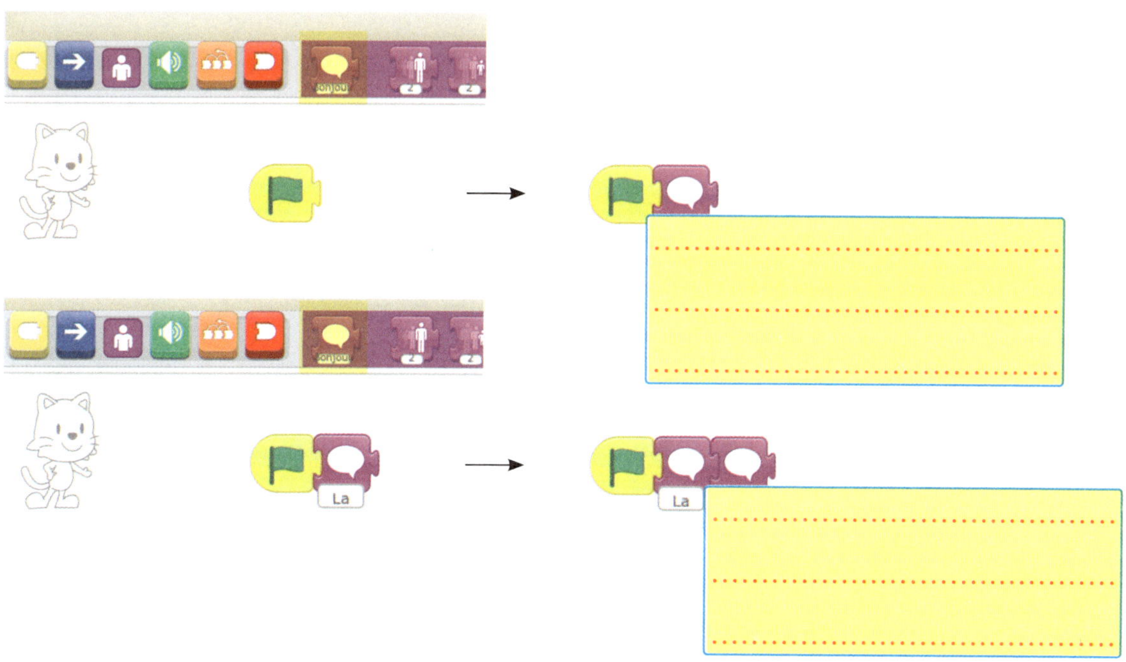

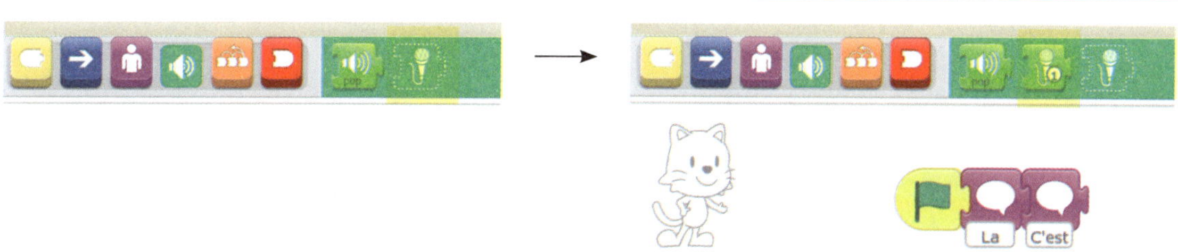

3 Pour que le petit garçon commence à parler après que le chat a terminé, le chat va envoyer un signal orange.

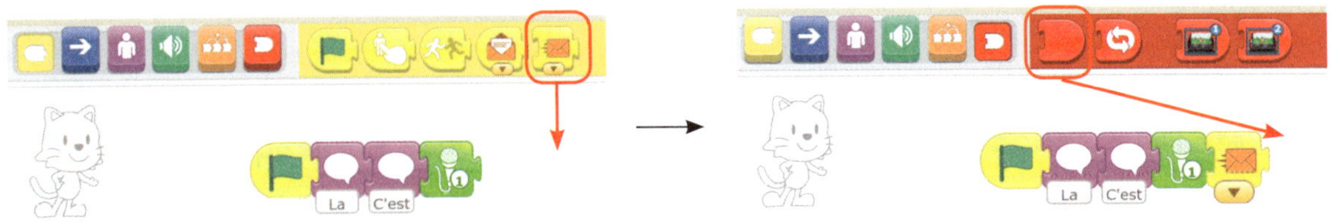

4 Alain va parler après le chat, une fois que celui-ci aura envoyé le signal.

Maintenant occupons-nous de la récitation d'Alain.

5 Recopie ci-dessous les vers 16 et 17 qu'il doit réciter.

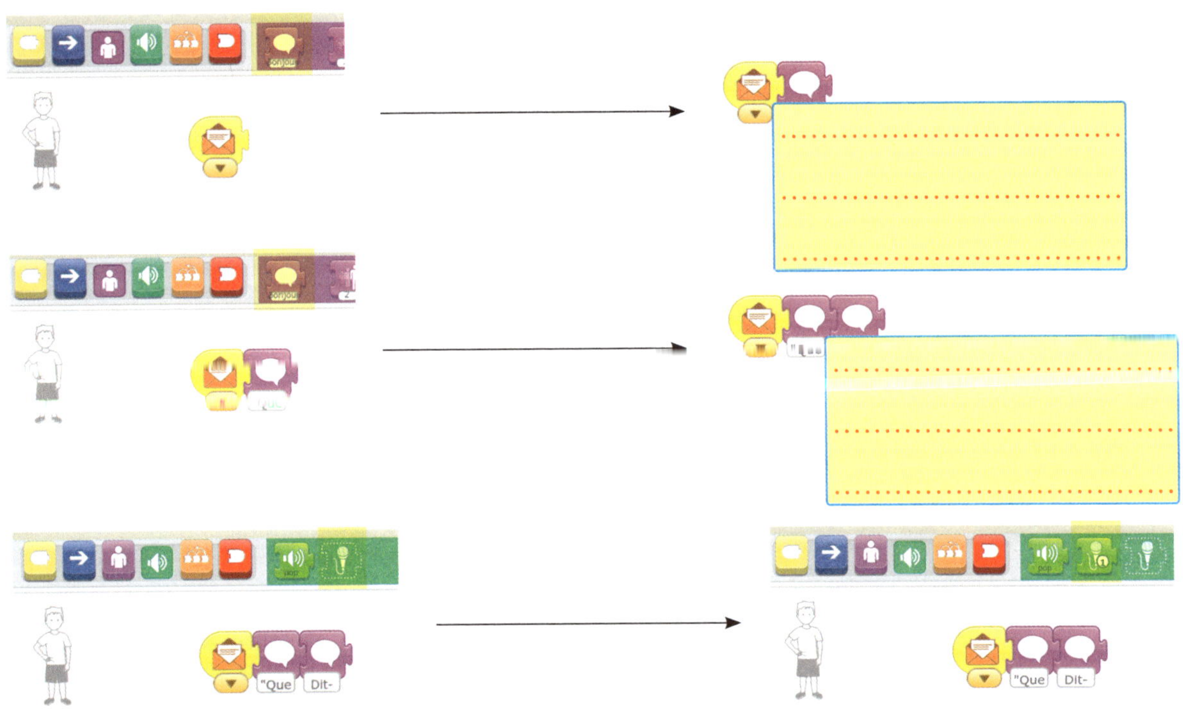

C'est maintenant au tour de Lucie de répondre.

6 Pour qu'elle parle après Alain, nous allons mettre en place le signal rouge. Complète l'illustration en entourant les icônes.

Lucie peut commencer à parler (vers 18 et 19) puis Alain terminera la récitation (vers 20 et 21) grâce au signal violet.

7 **Complète l'illustration en entourant les icônes sur lesquels il faut cliquer.**

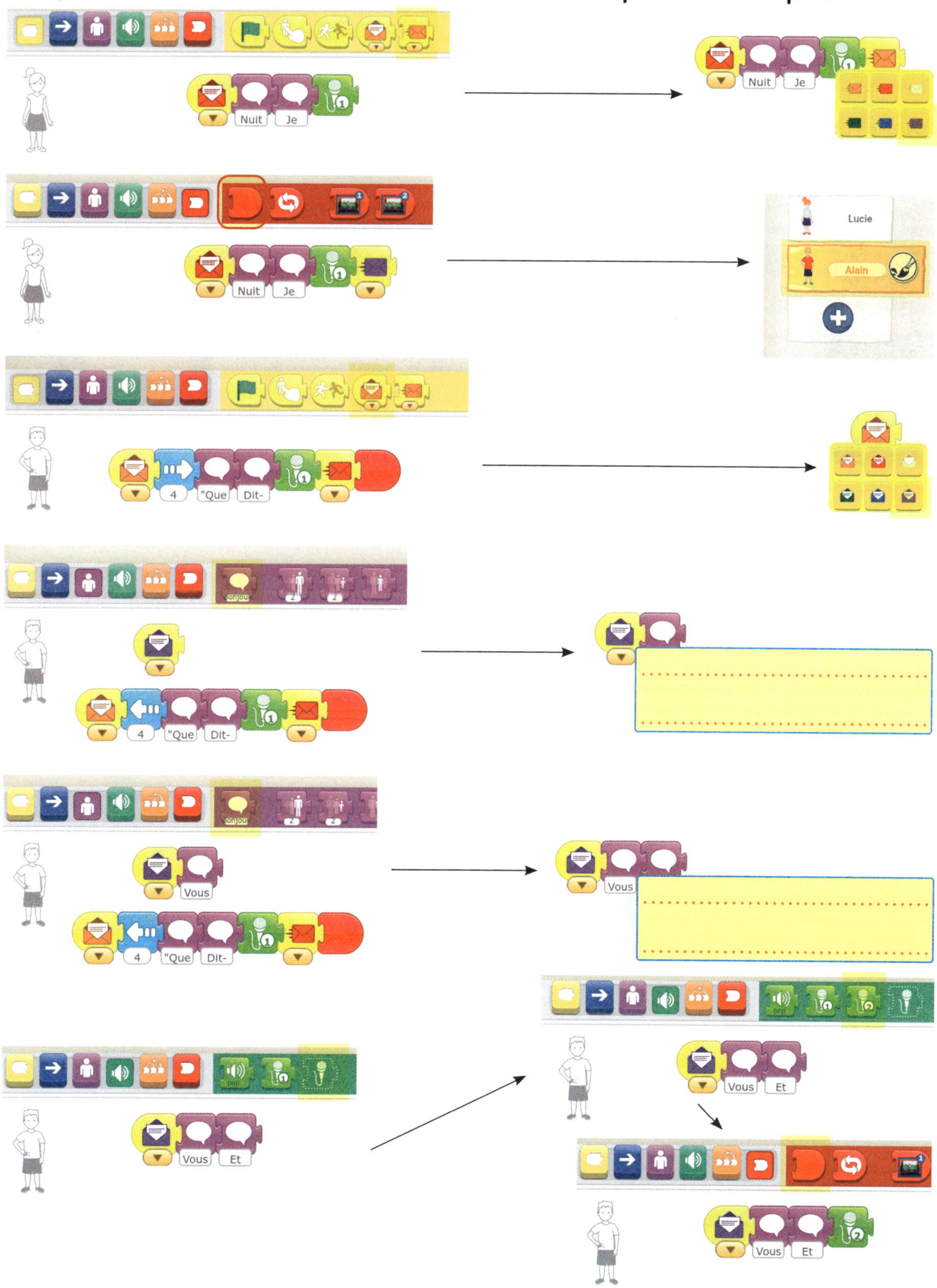

27 Adapter les séquences pour permettre la récitation de la fable

1 Nous avons désormais une séquence complète : tu peux regarder la récitation en plein écran.

Tu as déjà commencé à réviser en créant ce dessin animé, tu peux aller un peu plus loin maintenant.

- Dans un premier temps, tu peux lire le texte au fur et à mesure qu'il apparait à l'écran, puis valider en écoutant l'enregistrement.
- Tu peux ensuite baisser le volume de la tablette et t'entrainer à réciter durant les temps de silence.
- Et quand tu seras prêt(e), tu pourras remplacer les bulles de texte par des attentes où tu auras le temps de réciter avant de valider avec tes enregistrements. Nous allons, par étapes, remplacer les puzzles de bulles de la scène 1 (vers 1 à 10).

2 Entoure les pièces qu'il va falloir remplacer par des attentes pour que tu aies le temps de réciter.

3 Pour supprimer ces pièces, il te suffit de les isoler puis de les déplacer dans la barre de menu.

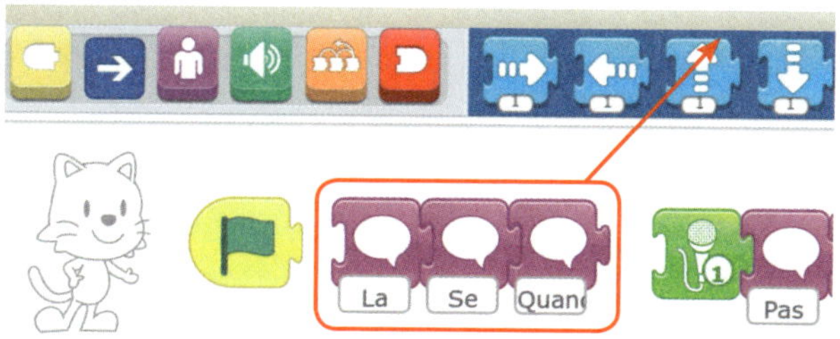

4 Une fois les bulles de la première phrase retirées, on peut mettre une bulle d'attente à la place.

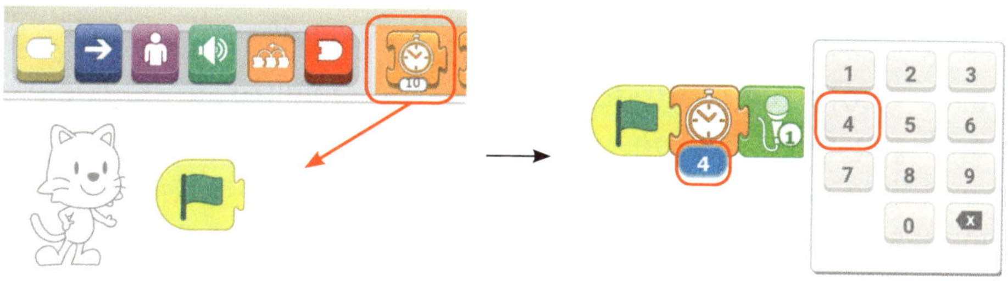

Il faut déterminer les temps d'attente pour chaque phrase : cela va dépendre du nombre de vers récités.

5 À partir du tableau ci-dessous, détermine les temps d'attente pour la séquence ci-dessous et complète les cases des bulles d'attente.

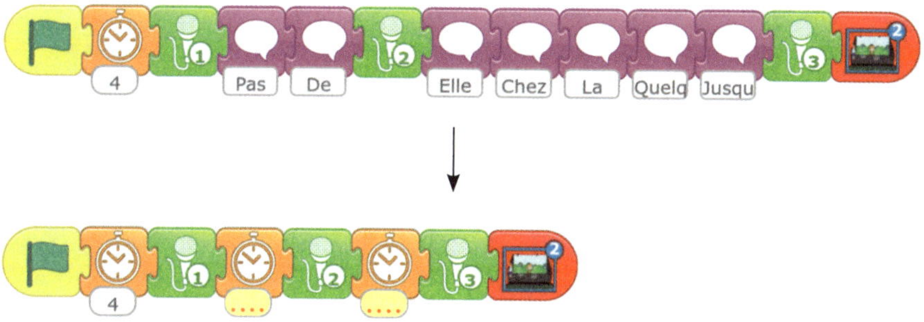

2 vers	3 secondes
3 vers	4 secondes
4 vers	5 secondes
5 vers	6 secondes

corrigés p. 95

28 Comprendre comment parle un ordinateur

Un petit mot pour les parents

Nous avons vu dans les chapitres 20 à 27 un cas pratique de programmation informatique. Votre enfant a programmé des ordres, des instructions, pour que la machine atteigne un but précis : dessiner une forme. Ces suites d'instructions, ces séquences, sont complètement prédéfinies et le programme n'a pas eu à interagir avec l'utilisateur pour déterminer les instructions à exécuter. Dans ce chapitre, nous allons aborder la méthodologie avec laquelle la machine va interagir avec l'environnement extérieur pour changer le cours des instructions à exécuter.

Comme avec GéoTortue, nous ferons, dans ce chapitre, le parallèle entre le langage oral que nous utilisons couramment et les éléments algorithmiques qui permettent le contrôle du déroulement des instructions. Nous allons également donner quelques éléments graphiques qui permettront de schématiser l'ensemble.

Plus conceptuels que les exercices des chapitres précédents, ceux des chapitres 29 et 30 sont à faire directement sur le cahier. Aucun équipement n'est requis. Des mises en pratique dans des outils sur ordinateur seront présentées dans les chapitres suivants (31,32,33).

Pour l'enfant

Nous avons vu ensemble et à l'aide d'exemples comment passer des ordres pour tracer des figures.

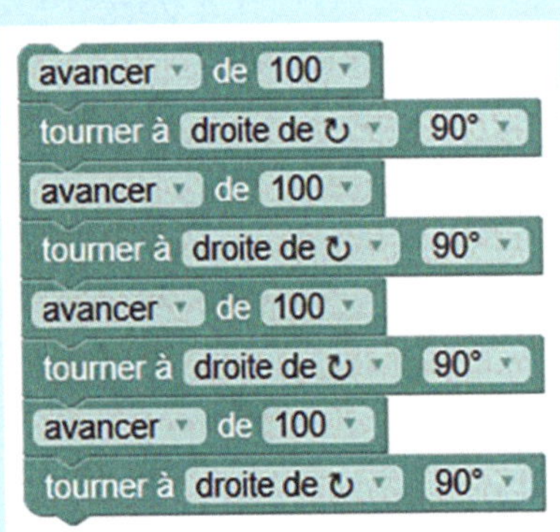

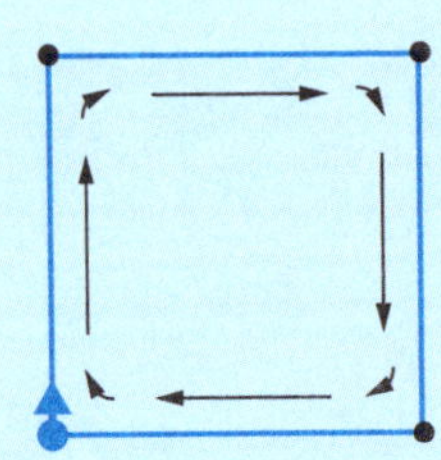

La tortue de GéoTortue traite une seule instruction à la fois et ne passe à la suivante qu'une fois qu'elle a terminé. Elle n'est pas capable de sauter une instruction ou de changer d'avis sur ce qu'elle doit faire. Ce logiciel n'est capable de traiter que des séquences programmées à l'avance.

Nous allons voir dans ce chapitre comment on peut programmer Algo notre petit chien robot qui va nous accompagner dans nos jeux, pour qu'il soit capable de retrouver son os.

Instructions pour aller jusqu'à la croix bleue.

Avance de 3 carreaux
Tourne à droite de 90°
Avance de 3 carreaux
Tourne à gauche de 90°
Avance de 3 carreaux
Tourne à droite de 90°
Avance de 3 carreaux
Tourne à droite de 90°
Avance de 2 carreaux

×

Je me souviens où j'ai enterré mon os et je savais comment aller le rechercher avant que mes maitres ne garent leur voiture sur le passage.

Instruction pour aller de la croix à l'os.

Avance de 8 carreaux

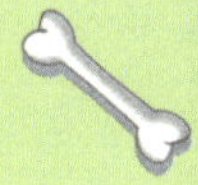

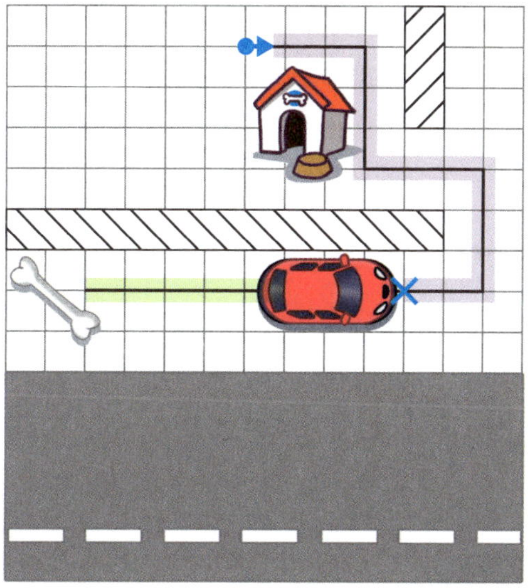

Une condition est une question à laquelle on ne peut répondre que par OUI ou par NON. Ici ce sera « Est-ce que la voiture est garée sur le chemin ? »

Nous verrons ensemble comment trouver un deuxième chemin et surtout nous verrons à quelle condition Algo devra choisir un chemin plutôt qu'un autre.

Une fois que nous aurons la condition, nous verrons comment l'expliquer à Algo et l'aider à choisir le bon chemin.

CODAGE PROGRAMMATION

29 Comprendre comment l'ordinateur prend une décision

Algo est donc capable d'exécuter des séquences d'instructions. Il sait aussi trouver et interpréter un résultat. Mais à quoi tout cela lui sert-il ?

Prends l'exemple de la page 69 et retrouve le trajet qu'Algo doit faire pour aller jusqu'à son os.

1 Recopie les instructions pour aller jusqu'à la croix bleue.

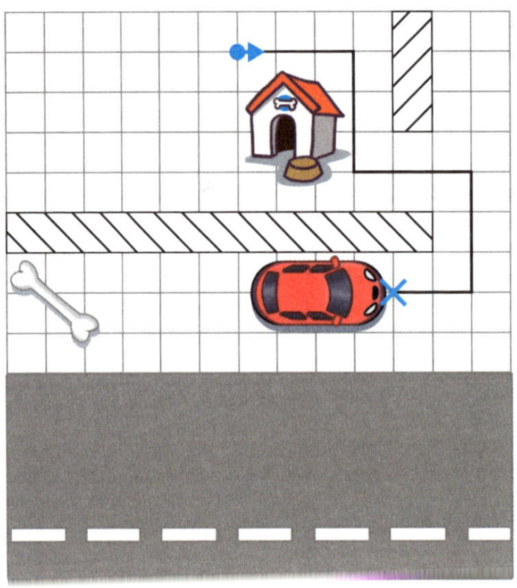

....
....
....
....
....
....
....
....
Avance de 2 carreaux
×

Cette voiture n'était pas garée là lorsque Algo a enterré son os. Il ne peut plus passer maintenant ! Heureusement, il peut la contourner.

2 Écris les instructions qui vont permettre à Algo de contourner cet obstacle.

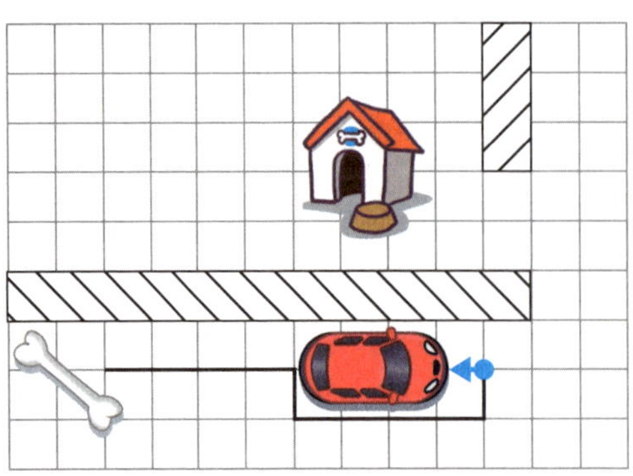

Tourne à gauche de 90°
....
....
....
....
....
....
....

On a maintenant un nouveau trajet qui va nous permettre de passer même ***SI*** la voiture est garée là.

3 **En t'aidant des pages 69 et 70, recopie les instructions dans les cadres violet, vert et bleu en respectant les couleurs.**

Dans le cadre violet, ce sont les instructions décrivant le trajet de la niche à la croix bleue.

A

Dans le cadre vert, c'est l'instruction décrivant le trajet qui permet de passer tout droit (si la voiture n'est pas garée là).

B

Dans le cadre bleu, ce sont les instructions décrivant le trajet qui permet de contourner la voiture (si elle est garée là).

4 **La phrase ci-dessous résume la situation. Entoure les mots qui expriment la condition pour contourner la voiture.**

Algo suis le trajet de la page 69 jusqu'au point que nous avons noté par une croix.

SI une voiture est garée là,

ALORS il doit la contourner ; *SINON* il peut continuer tout droit.

corrigés p. 95

Jusqu'ici, nous n'avons rencontré que des séquences simples. Les instructions sont exécutées les unes après les autres sans se poser de question.

Comment fait-on pour changer d'itinéraire ? Il suffit de se poser une question lorsqu'on veut choisir une séquence plutôt qu'une autre.

Est-ce que la voiture est garée là ? On appelle cette question la *condition*. Si cette condition est vraie (la voiture est garée là), alors on choisira la séquence B (en bleu) ; sinon on choisira la séquence A (en vert).

Une structure de contrôle est une instruction spéciale qui permet de changer le déroulement d'une séquence.

Le schéma ci-dessous est une représentation de cette *structure de contrôle* appelée ***SI***.

Tu sais maintenant comment utiliser la structure de contrôle *SI* et comment la représenter. As-tu remarqué comment tout cela ressemble au langage que nous utilisons pour communiquer ?

5 Écris dans le losange la condition puis écris la lettre correspondant aux trajets bleu et vert.

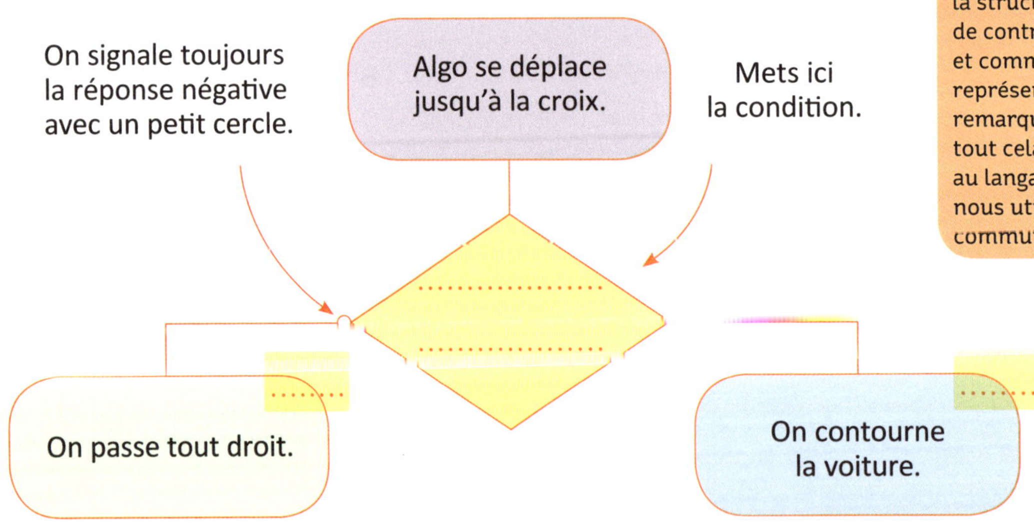

6 Entoure dans le texte les mots exprimant la condition. Ensuite, souligne en bleu le trajet à effectuer si la réponse est positive, et en vert celui à effectuer si la réponse est négative.

Lorsque j'arriverai devant la voiture,

SI elle est assez haute,

ALORS je passerai en dessous pour suivre le trajet B.

SINON je la contournerai en suivant le trajet A.

7 **Dans la structure de contrôle *SI* qui correspond au texte de l'exercice 6, place les étiquettes au bon endroit.**

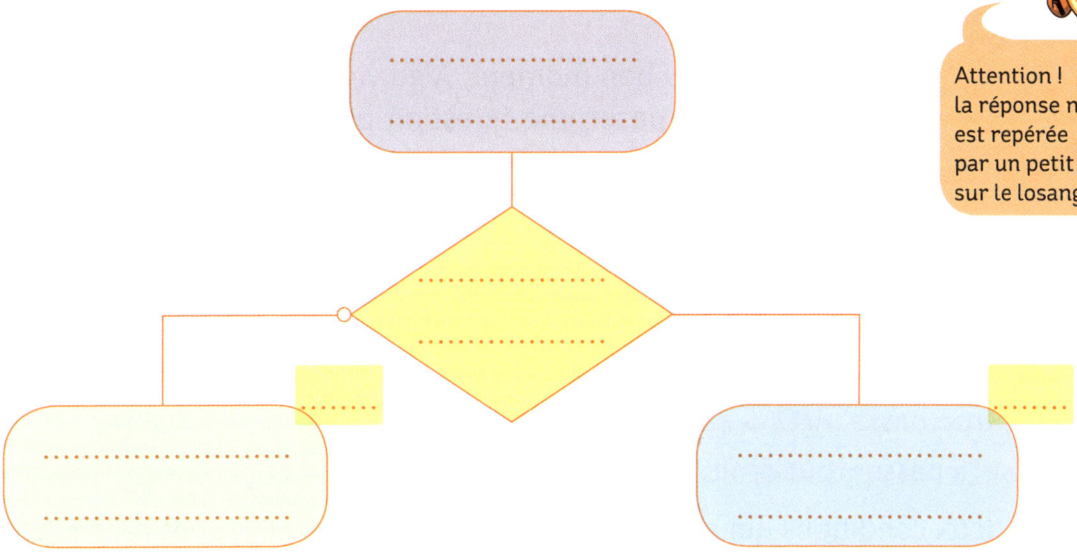

Algo contournera la voiture.

B

Algo passera en dessous de la voiture.

La voiture est-elle assez haute ?

Algo se déplace jusqu'à la croix.

A

corrigés p. 96

Comprendre comment l'ordinateur construit sa réflexion

En se posant une question simple au bon moment, Algo va pouvoir choisir son chemin. Mais rien ne l'empêche de se poser une question plus compliquée. La seule chose qui compte, c'est qu'il puisse y répondre par OUI ou par NON.

1 Dans le texte suivant, entoure les mots qui expriment la condition.

Texte 1

Quand Algo arrive devant le parking, *SI* la voiture est garée sur le parking
ET SI elle est trop basse, *ALORS* il sera obligé de la contourner.
SINON, il pourra passer tout droit, sous la voiture.

Il y a en fait deux conditions qui se cachent dans cette phrase, elles sont reliées par la conjonction de coordination *ET*.

2 Parmi les questions suivantes, entoure celles qui correspondent aux deux conditions.

Est-ce que la voiture est garée sur le parking ?

Est-ce que la voiture est propre ?

Où est le conducteur ?

Est-ce que la voiture est trop basse ?

3 Recopie les 2 étiquettes de l'exercice 2 qui expriment la condition du texte 1.

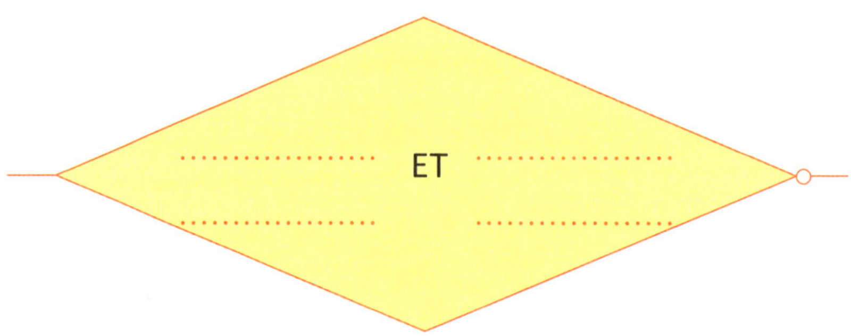

Tu constates qu'on peut trouver plusieurs solutions à un même problème. Nous sommes en train de définir une condition plus compliquée car il y a maintenant deux questions dans la même condition. La représentation graphique reste la même quelle que soit la complexité de la condition.

4 **À l'aide de l'exercice 7 de la p. 73, complète les cases vides en écrivant les lettres correspondant au trajet.**

Est-ce que la voiture est là ?	Est-ce que la voiture est trop basse ?	Quel trajet choisir ?	Explications
Non	Non	B	Algo peut aller tout droit car il n'y a pas d'obstacle.
Non	Oui	....	Algo peut toujours aller tout droit car il n'y a pas d'obstacle.
Oui	Non	....	Algo peut aller tout droit en passant sous la voiture.
Oui	Oui	A	Cette fois Algo est obligé de contourner la voiture.

Une table de vérité est un tableau qui résume tous les cas possibles de réponses à des conditions et tous les résultats. Le tableau de l'exercice 4 est presque une table de vérité : il faut qu'il soit exprimé avec des 0 et des 1.

5 **À l'aide de l'exercice 5 de la page 72, écris 1 en face des réponses positives et 0 en face des réponses négatives.**

La voiture est-elle garée sur le parking ?
- → Oui ....
- → Non ....

Est-ce que la voiture est trop basse ?
- → Oui ....
- → Non ....

Quel trajet Algo doit-il choisir ?
- → A ....
- → B ....

Rappelle-toi qu'on repère toujours la réponse négative par un petit rond sur un des angles du losange sur la figure.

corrigés p. 96

Il te suffit maintenant de réécrire le tableau de l'exercice 4 en remplaçant les réponses par des 1 ou des 0.

6 **Écris dans les cases les valeurs 0 ou 1 en t'aidant de l'exercice 5 page 75.**

Condition 1	Condition 2	Sortie de la condition générale
0	0	0
0	1	....
1	....	0
....	1	....

Cette table de vérité est très connue, c'est celle de la fonction ET. On dit que le résultat n'est vrai que si les conditions sont vraies aussi.

7 **Dans la phrase suivante, entoure les mots qui expriment la condition.**

Texte 2

Algo va se mettre à aboyer SI il voit quelqu'un entrer
OU SI il a envie de jouer avec toi.

8 **Complète le losange en écrivant les 2 conditions exprimées dans le texte 2.**

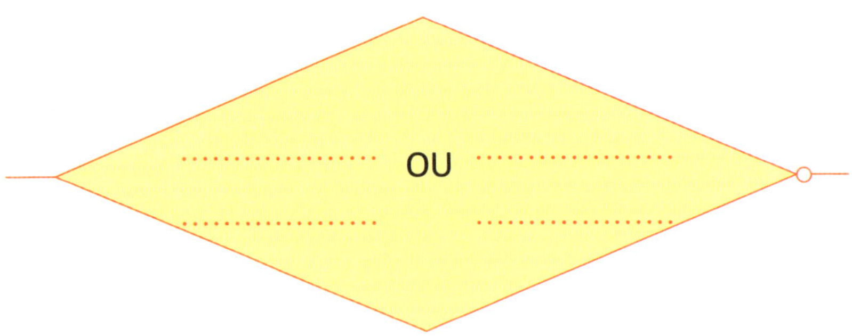

Une autre fonction très célèbre est la fonction OU. Comme dans le langage usuel, cette fonction exprime le fait que l'une des deux conditions au moins doit être vraie pour que le résultat soit vrai. Prenons un autre exemple avec Algo.

9 Complète le tableau en écrivant les questions correspondant aux conditions et les réponses à la question « Algo aboie-t-il ? ».

……………… ………………	……………… ………………	Algo aboie-t-il ?	Explications
Non	Non	Non	Algo ne voit personne et n'a pas envie de jouer.
Non	Oui	………………	Algo a envie de jouer avec toi.
Oui	Non	………………	Algo voit quelqu'un entrer.
Oui	Oui	………………	……………………………… ……………………………… ………………………………

10 Comme pour l'exercice 6, écris dans les cases les valeurs 1 ou 0 qui conviennent.

Algo voit quelqu'un entrer ?	Algo a envie de jouer avec toi ?	Algo aboie-t-il ?
0	0	………………
0	1	1
………………	………………	1
………………	………………	………………

corrigés p. 96

31 Rappels élémentaires pour programmer avec Scratch depuis l'ordinateur

Un petit mot pour les parents

Scratch est un logiciel destiné aux enfants, dont nous utiliserons la version disponible en ligne à l'adresse https://scratch.mit.edu/. Plus complet que Scratch Jr sur tablette, il permet la programmation d'un plus grand nombre de fonctionnalités sous forme de puzzle. La combinaison de ces pièces de puzzle va constituer un programme qui pourra être testé à tout moment.

Les chapitres 32 et 33 proposent de créer un logiciel de révision de conjugaison. Il consiste en une suite de questions/réponses et d'une correction le cas échéant. Par la suite, ce programme pourra être décliné pour faire réviser d'autres matières comme l'histoire, les mathématiques...

Votre enfant est invité à suivre la méthode décrite puis à la reproduire sur le logiciel, étape par étape. Il lui est également demandé de compléter sur le cahier des zones de texte pour valider certains acquis.

Pour l'enfant

Nous allons programmer un logiciel qui va t'aider à réviser tes conjugaisons.

On va se servir de Scratch pour faire du puzzle.

Pour commencer, tu dois aller sur le site https://scratch.mit.edu/. Tu peux ensuite démarrer ton programme en cliquant sur « Créer ».

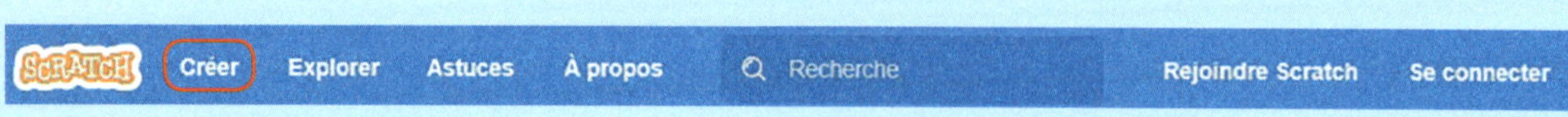

Tu vas communiquer avec l'ordinateur grâce au clavier. Il va te poser des questions et tu vas y répondre. Bien sûr, tu t'es déjà servi de ton clavier mais c'est la première fois que tu vas l'utiliser pour échanger avec le logiciel.

Les programmes que tu as faits jusqu'à présent s'exécutaient tout seuls et leur déroulement était entièrement programmé. Cette fois, il va se dérouler en fonction de ce que tu vas taper sur le clavier.

Mais avant de commencer, faisons un petit rappel sur Scratch et sur la façon dont est organisée la page.

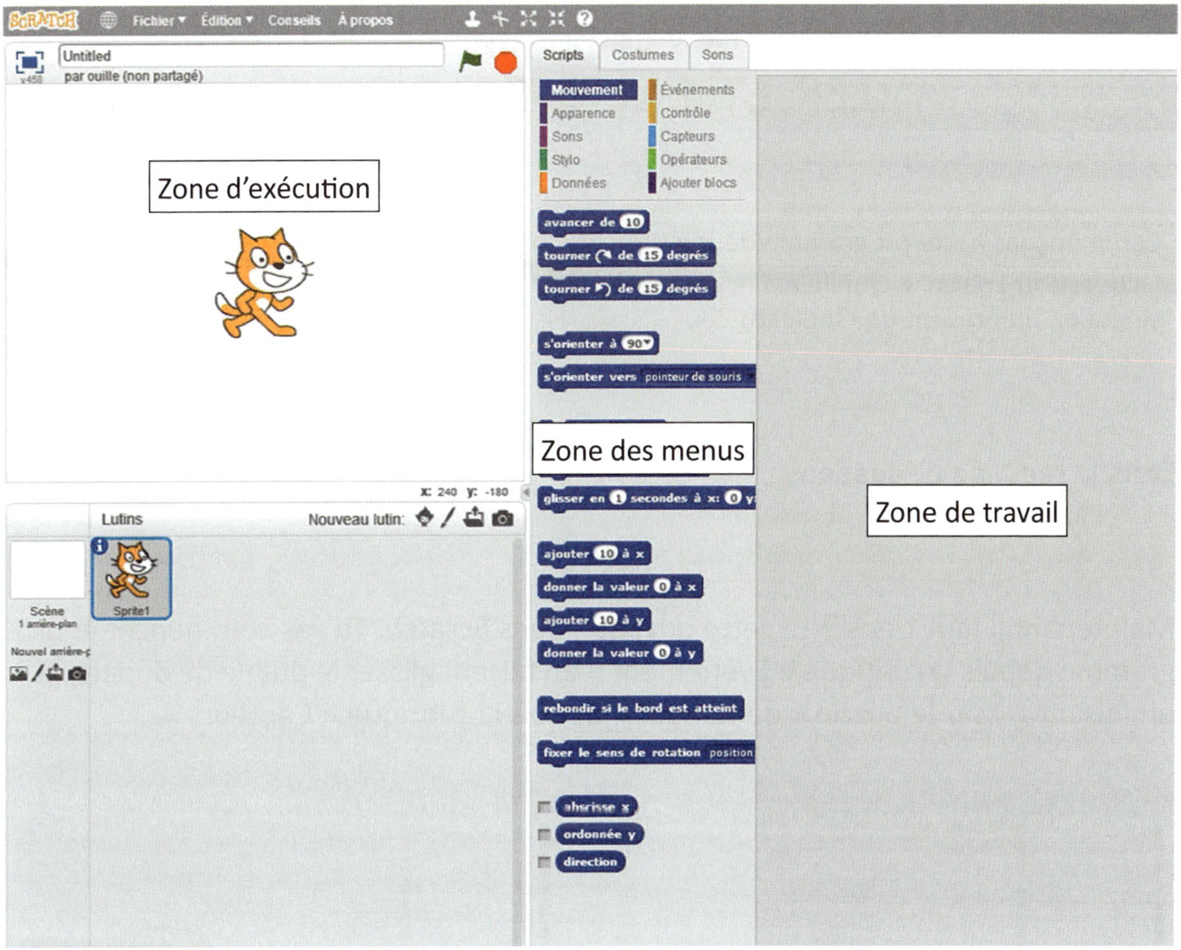

Pour programmer notre logiciel, tu devras déplacer des pièces de puzzle depuis les menus vers la zone de travail. L'assemblage de ces pièces va constituer le programme que tu pourras tester ou exécuter depuis la zone d'exécution.

Tu seras parfois invité(e) aussi à écrire sur le cahier pour compléter certaines réponses.

32 Écrire un programme de type questions / réponses

Révision des conjugaisons : les verbes ALLER, ÊTRE et FINIR

Commençons notre programme de révision des conjugaisons.
La question 1 sera : **« Quelle est la conjugaison du verbe ALLER à la première personne du singulier, au présent de l'indicatif ? ».**

1 Écris la réponse ci-dessous.

....

Maintenant il faut transcrire cette question dans Scratch. Tu vas commencer le programme depuis la rubrique « Évènement » en faisant glisser le puzzle de départ, puis en faisant glisser le puzzle « demander » depuis la rubrique « Capteurs ».

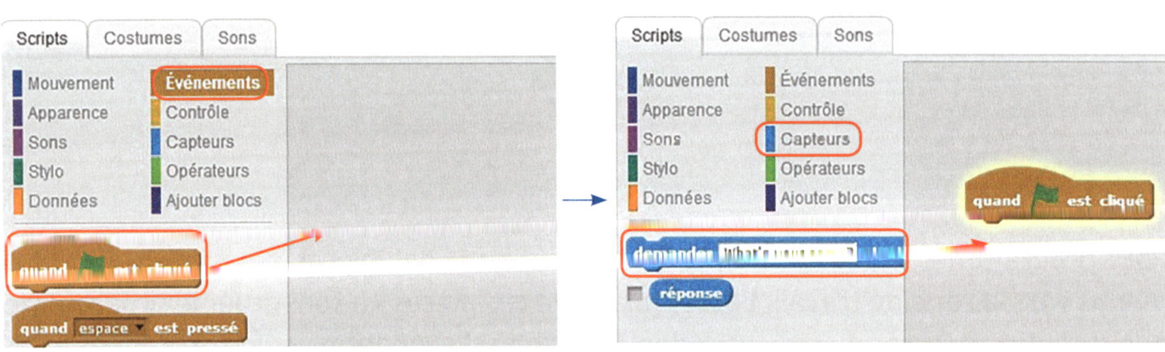

2 Écris maintenant la question 1 dans le cadre.

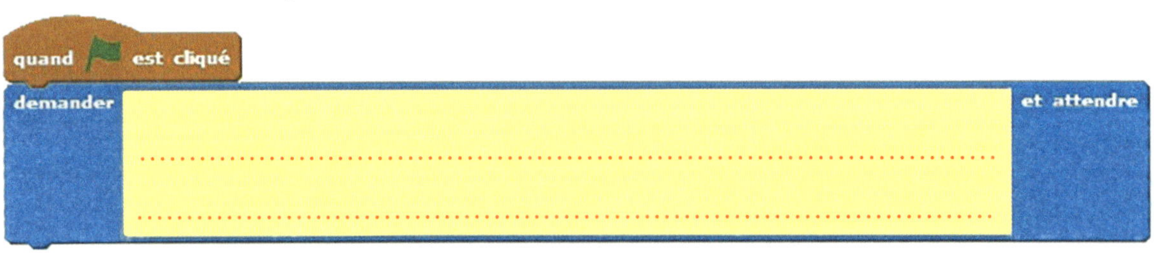

Nous voulons maintenant afficher un message de félicitations si la réponse est correcte. Sinon nous afficherons un message donnant la bonne réponse. Pour ce faire, nous allons utiliser une structure de contrôle SI qui se trouve dans la rubrique « Contrôle ».

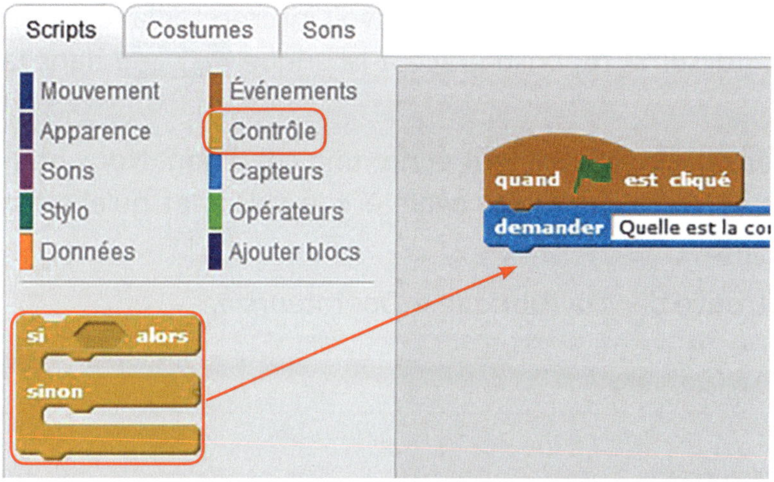

La structure de contrôle SI te permet de choisir le déroulement de ton programme en fonction d'une condition. Nous l'avons déjà vue au chapitre 29.

Puis nous allons placer les textes depuis la rubrique « Apparence ».

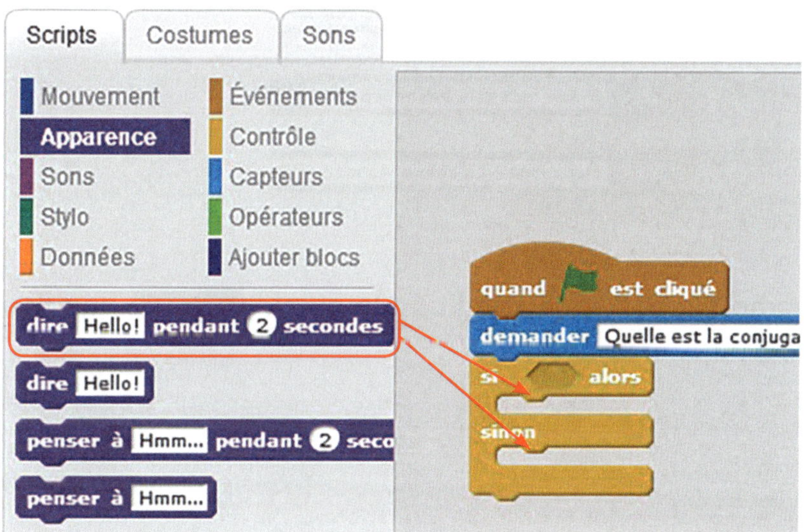

3 **Saisis, dans les puzzles « dire », les textes « Bravo ! c'est la bonne réponse » et « Dommage ! la bonne réponse était : je vais ».**

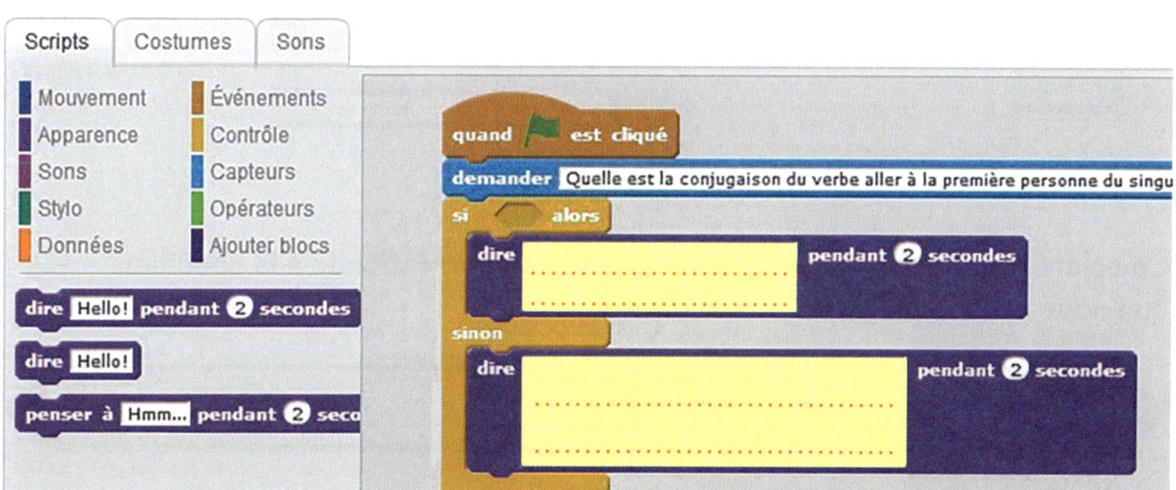

Maintenant que nous savons poser une question, il faut savoir interpréter la réponse. Dans le programme, on peut utiliser la réponse grâce à la brique réponse dans la rubrique « Capteurs ».

Comment savoir si notre réponse est juste ? Il faut écrire une condition. Nous pouvons dire que la réponse est correcte si elle est égale à « je vais », et qu'elle est fausse si la réponse est différente.

Dans Scratch, la condition se trouve dans la rubrique « Opérateurs ».

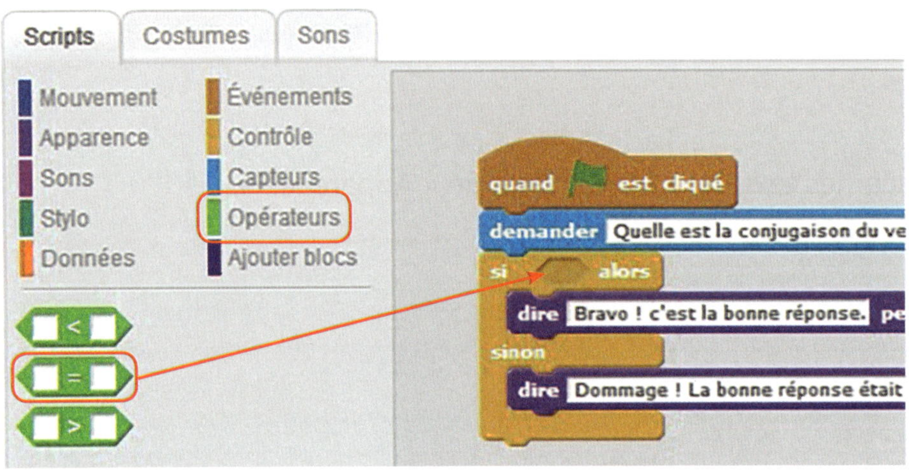

Ensuite, on met dans le champ gauche de la condition le puzzle réponse que l'on trouve dans la rubrique « Capteurs ».

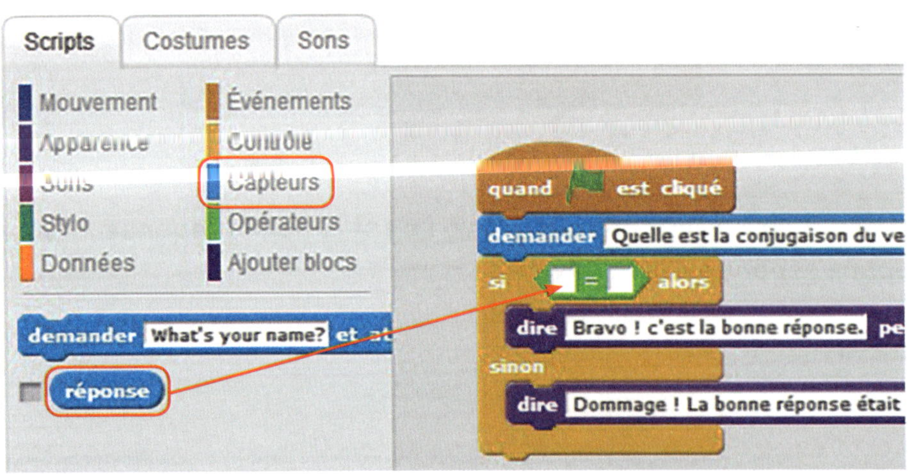

4 **Complète le cadre de façon à ce que la réponse corresponde à la condition que nous venons d'écrire.**

réponse = ...

Enfin, on saisit la bonne réponse dans le champ de droite.

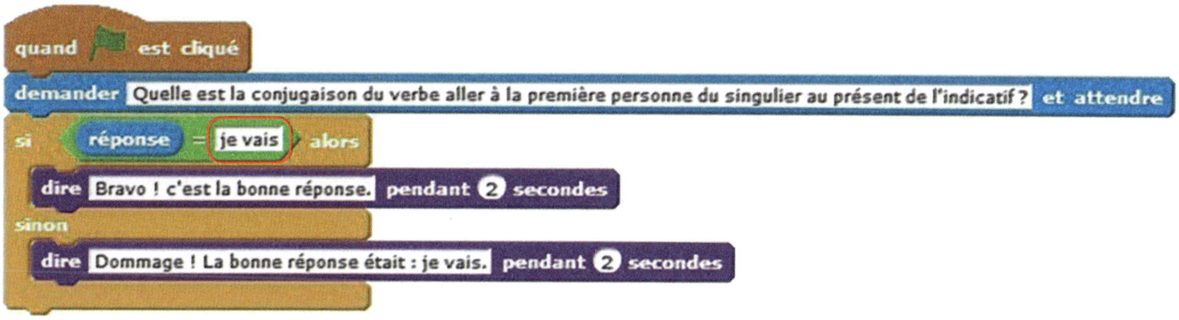

Grâce à notre condition, nous pouvons analyser la réponse et déterminer si elle est juste ou fausse.

Notre premier programme est terminé, nous pouvons maintenant le tester.

Sur la partie gauche de l'écran tu trouveras les icônes :
- pour lancer le programme
- pour arrêter le programme
- pour passer en plein écran.

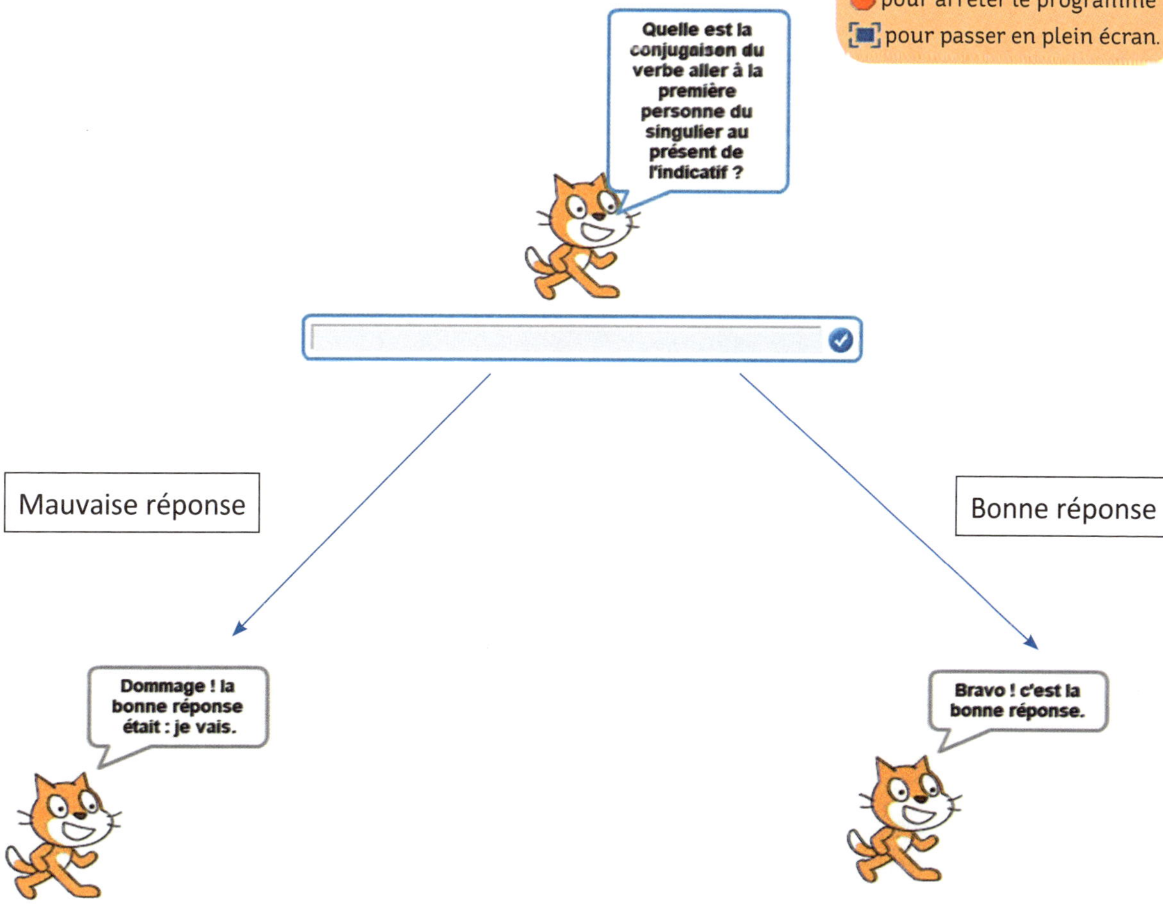

Programme maintenant une nouvelle question grâce au modèle que nous venons de créer.

5 **Quelle est la conjugaison du verbe ÊTRE à la troisième personne du pluriel au présent de l'indicatif ?**

....

6 **Exécute sur Scratch les étapes ci-dessous en t'aidant des exercices 1 à 4.**

Pense bien à ajouter les textes dans les puzzles après les avoir placés.

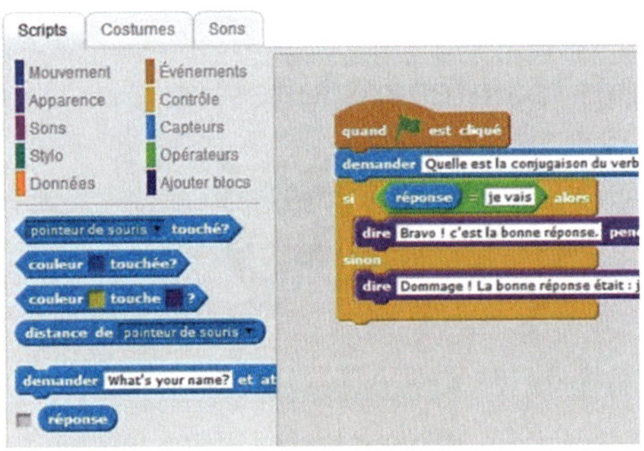

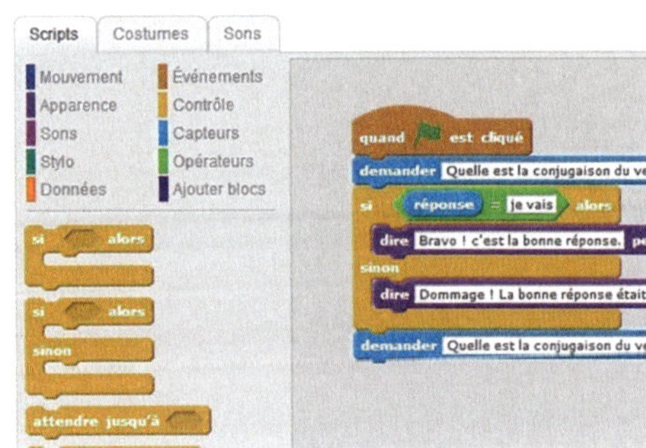

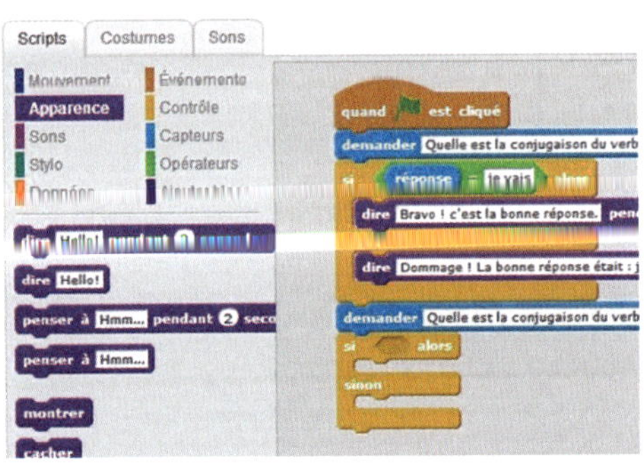

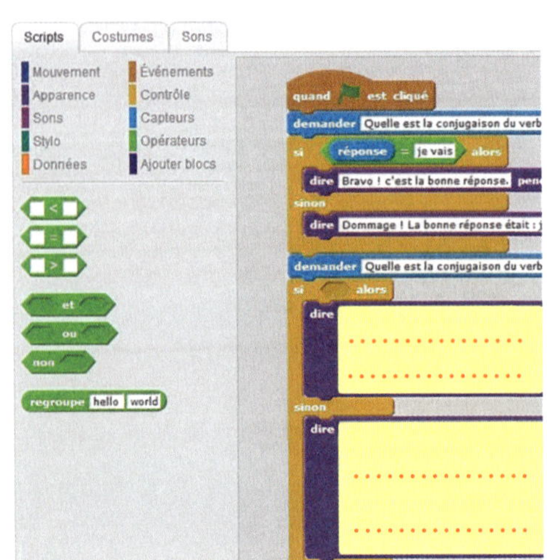

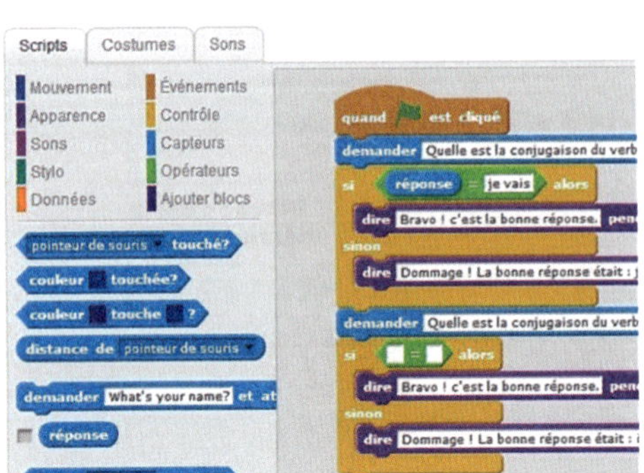

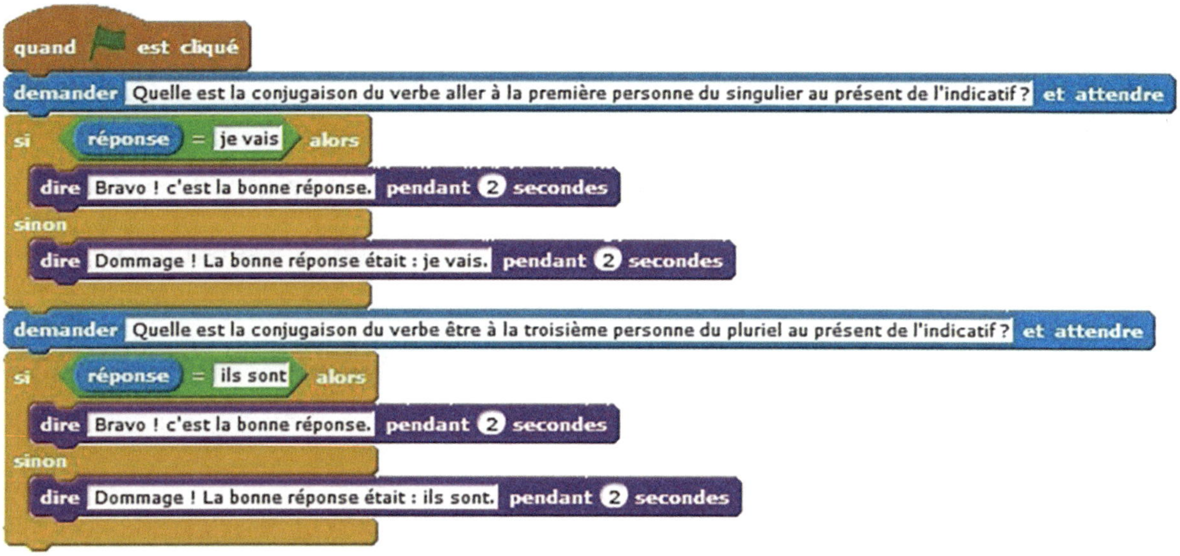

Programmons une troisième question mais cette fois encore plus rapidement. On va dupliquer un groupe de puzzles. Clique gauche sur le deuxième puzzle « demander », un menu va apparaitre, puis clique sur « dupliquer ».

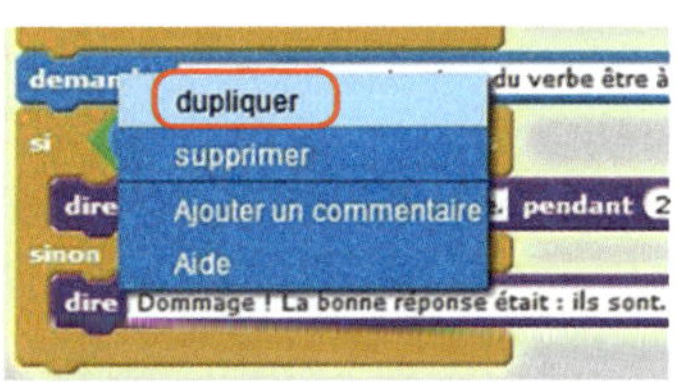

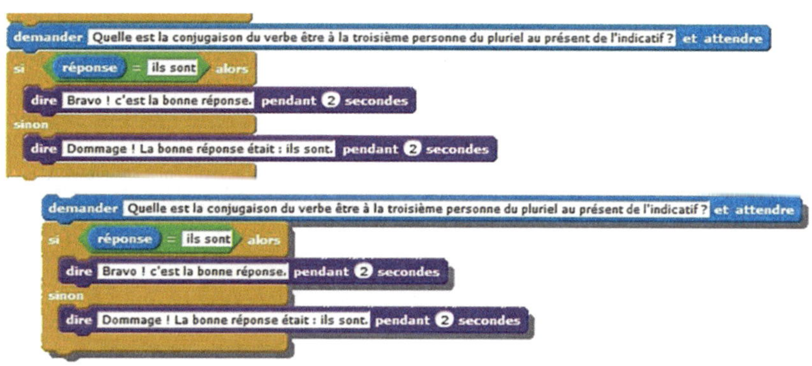

7 **Recopie dans ce nouveau groupe de puzzles la question « Quelle est la conjugaison du verbe FINIR à la deuxième personne du pluriel au présent de l'indicatif ? » et la réponse « vous finissez ».**

As-tu remarqué que peu de choses changent entre chaque groupe de puzzles ? Tu ne dois modifier que la question et la réponse. Les puzzles restent les mêmes.

CODAGE PROGRAMMATION 33 Simplifier un programme

Le programme du chapitre 32 commence à être long et bientôt il sera difficile de s'y retrouver quand on aura beaucoup de questions.

À chaque fois qu'on rajoute une question, on constate que rien ne change, sauf la question et la réponse.

1 Dans les copies d'écran ci-dessous, entoure les différences dans chacun des 3 groupes.

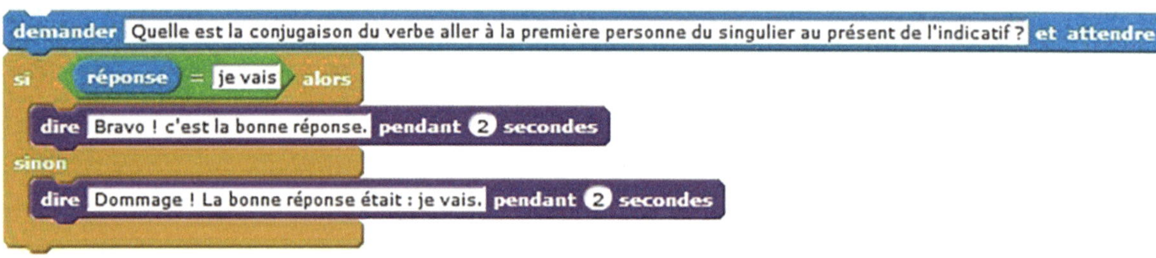

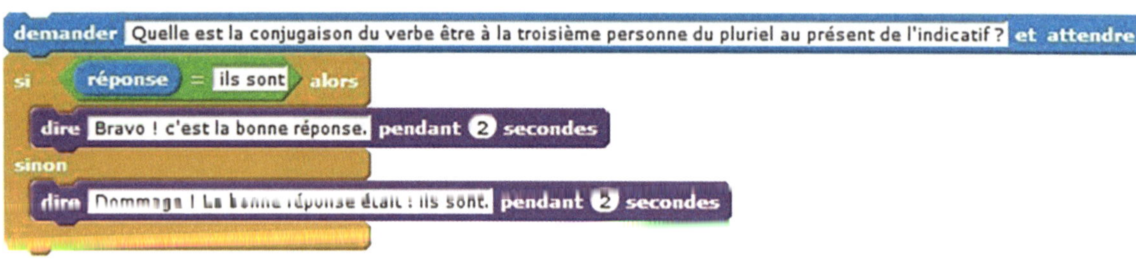

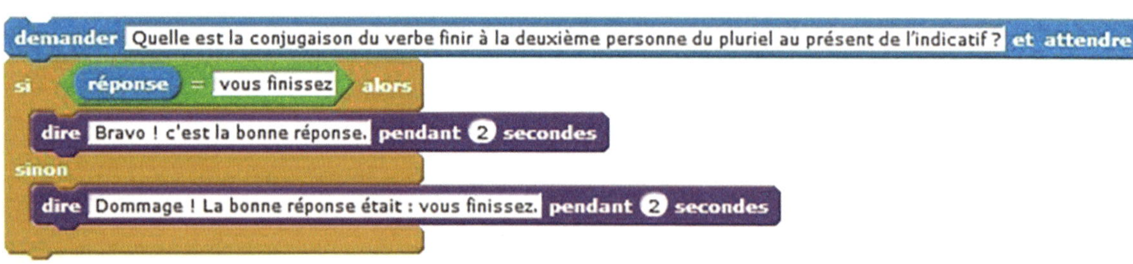

On pourrait imaginer un modèle qu'on utiliserait pour chaque question et dans lequel on ne changerait à chaque fois que la question et la réponse. Ce modèle s'appelle « un bloc » dans Scratch.

Un bloc est un groupe de puzzles que l'on peut utiliser plusieurs fois comme on le ferait avec un modèle. La question et la réponse sont les paramètres du bloc.

Lorsque nous utiliserons ce modèle, ce « bloc », nous n'aurons qu'à préciser la question et la réponse, et le programme s'exécutera de la même façon.

2 **Crée un bloc depuis la rubrique « Ajouter blocs » en cliquant sur le bouton « Créer un bloc ».**

Une fenêtre s'ouvre :

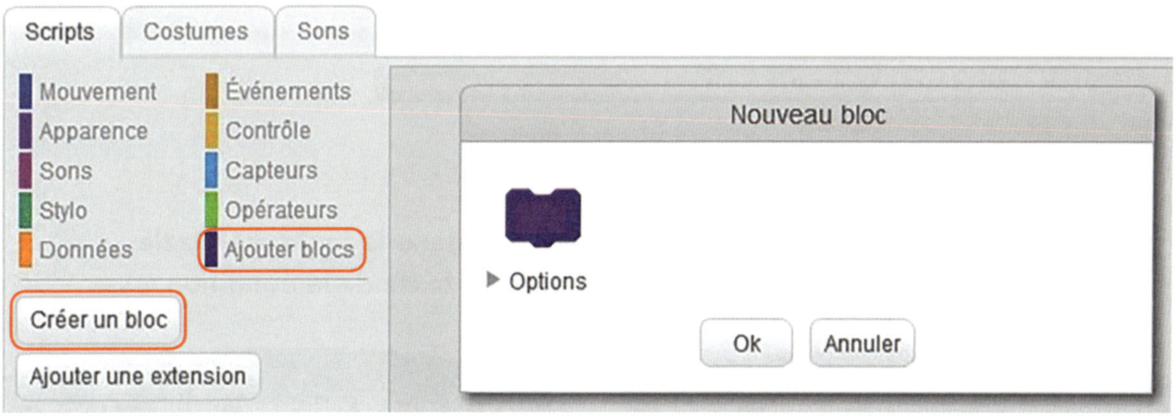

Nous allons appeler notre bloc « Question de conjugaison ».

3 **Écris le nom du bloc dans le rectangle violet puis déplie la rubrique « Options » et ajoute deux « chaines de caractères » que tu appelleras « Question » et « Réponse ». Clique ensuite sur « Ok ».**

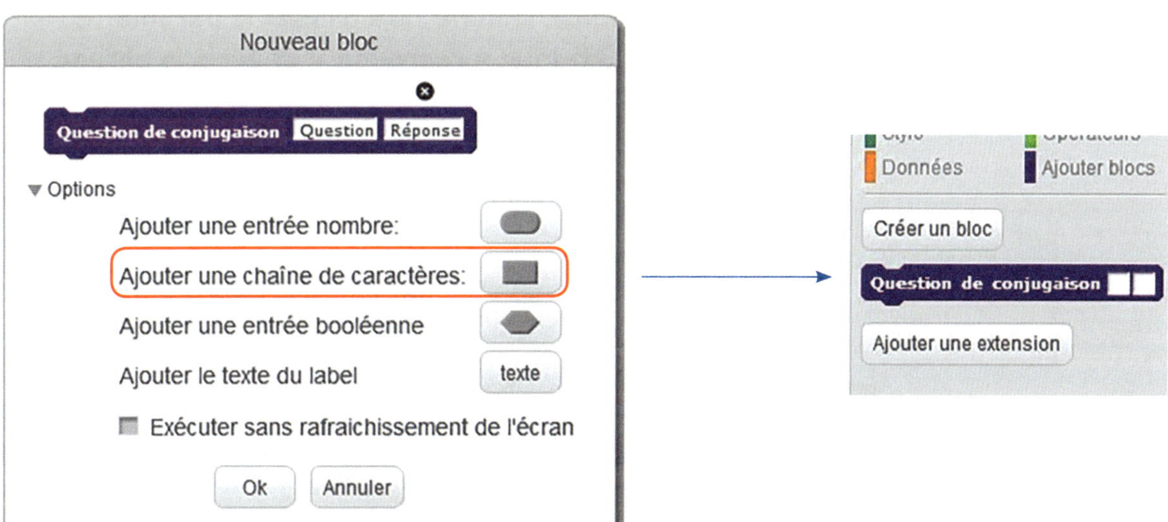

4 Ajoute maintenant à notre programme ce nouveau bloc et colle-lui le groupe de la dernière question comme dans l'image ci-dessous.

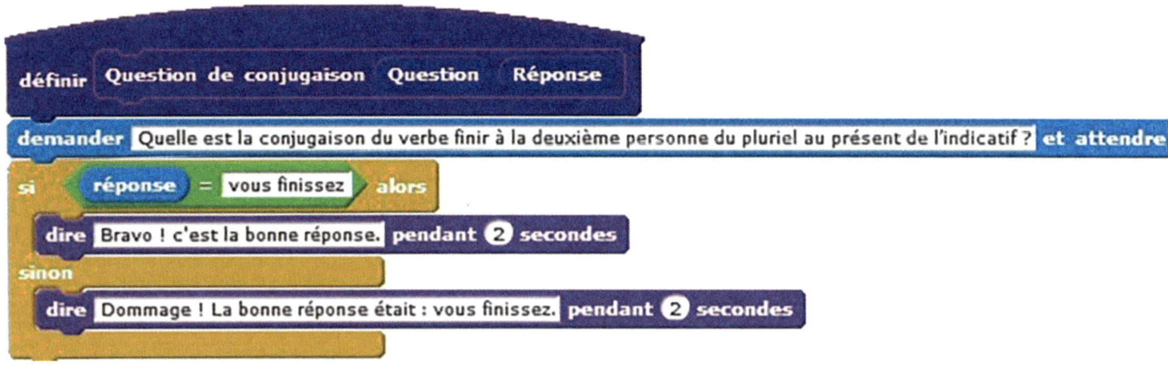

5 Fais maintenant glisser le paramètre « Question » dans le texte du puzzle « demander » et le paramètre « Réponse » dans le texte de la condition.

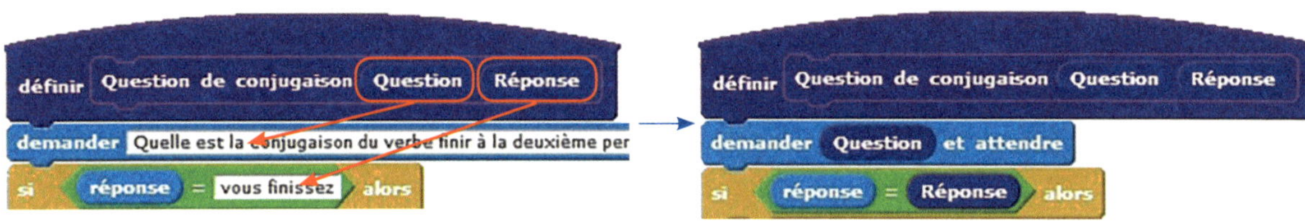

Il nous reste à modifier le texte qui doit s'afficher lorsque la réponse est fausse.

6 Depuis la rubrique « Opérateurs », fais glisser le puzzle « regroupe » dans le texte de la brique « dire » dans le puzzle « sinon ». Ensuite fais glisser le paramètre « Réponse » dans le texte de droite de la brique « regroupe » et écris la phrase « Dommage ! La bonne réponse était : » dans le texte de gauche.

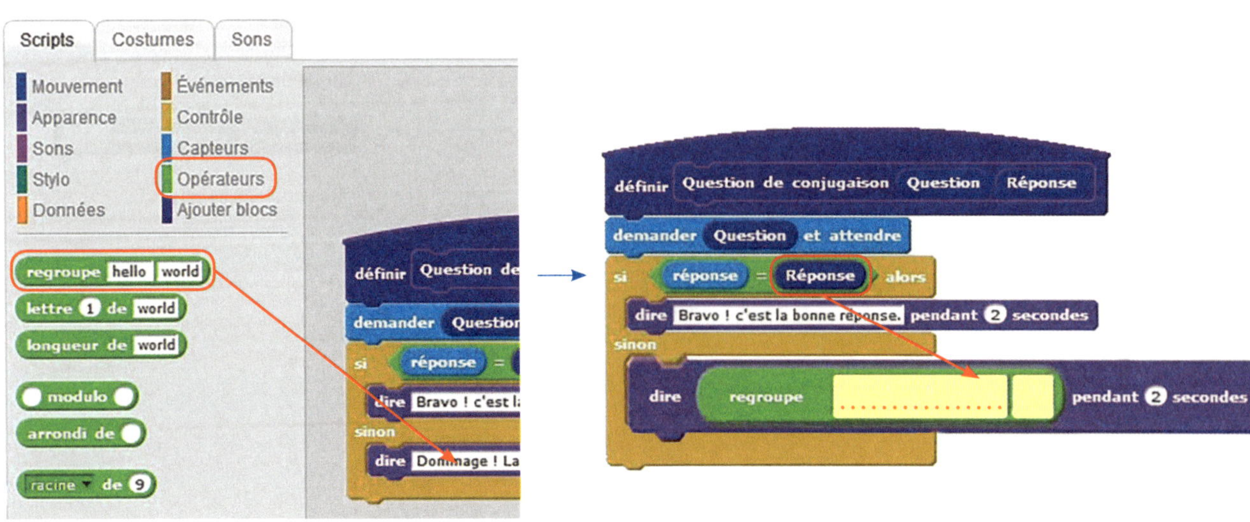

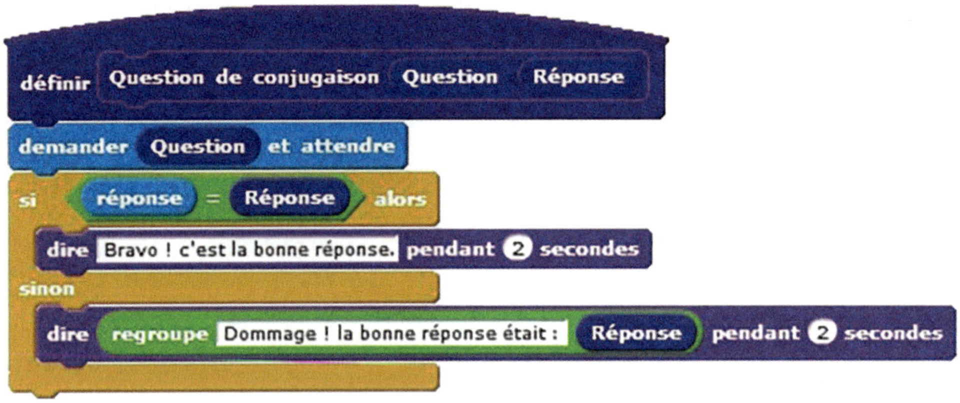

Notre bloc est enfin prêt et notre programme peut être simplifié.

7 **Enlève les 3 questions que tu as écrites précédemment pour les remplacer par des appels à notre nouveau bloc depuis la rubrique « Ajouter blocs ». Écris dans le texte de gauche la question et dans le texte de droite la réponse.**

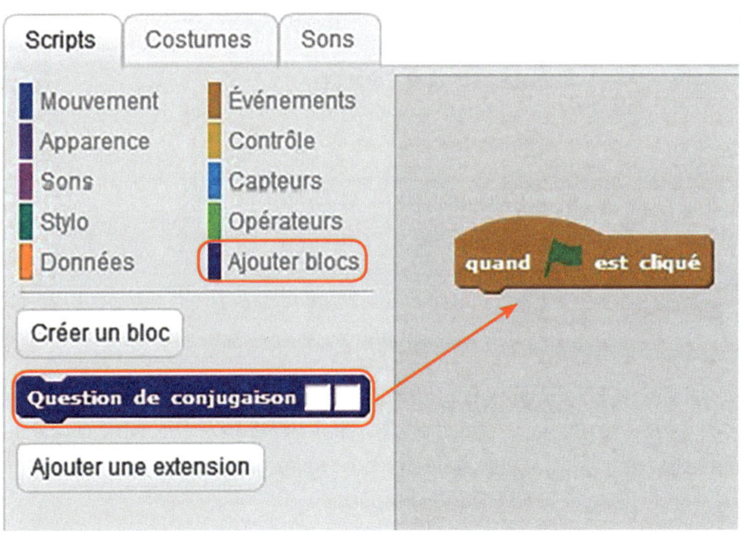

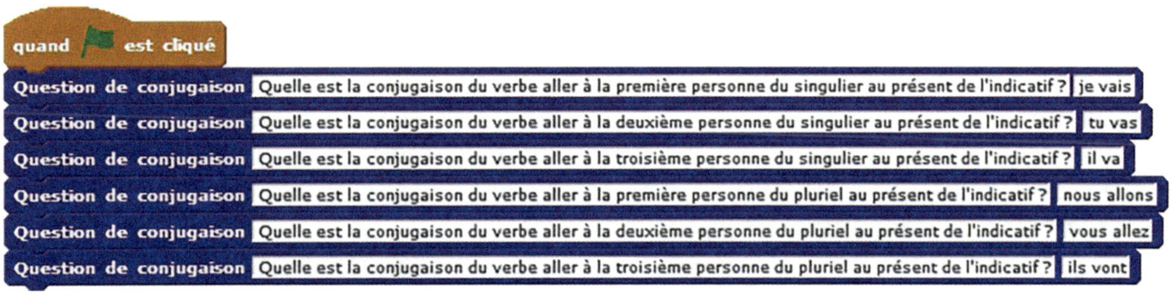

Maintenant tu peux très simplement ajouter autant de questions que tu le souhaites et ainsi réviser les conjugaisons, en variant les verbes, les personnes, les temps…

CORRIGÉS

Les exercices sans corrigé doivent être, à l'écran ou sur le cahier, vérifiés par un adulte.

Outils numériques

Unité 1

L'environnement numérique de travail .... p. 6

1 ORDINATEUR – CLAVIER – TAPIS – SOURIS – IMPRIMANTE – UNITÉ CENTRALE – LECTEUR DE DISQUE.

2

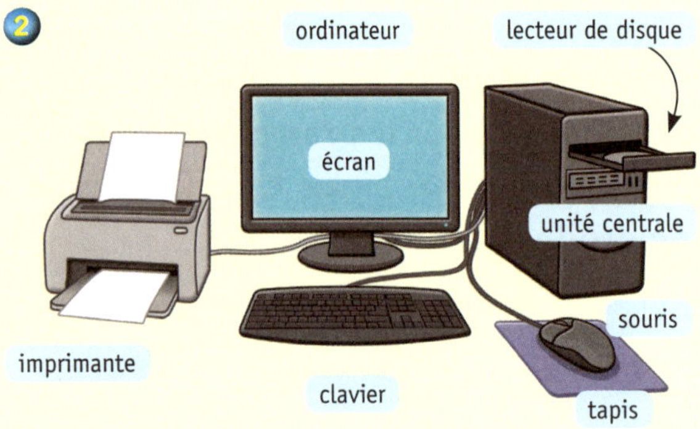

3

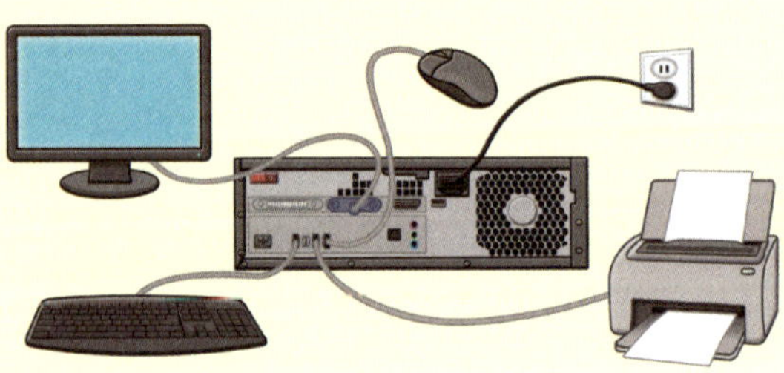

4 *De haut en bas* : tablette – clé USB – PC tactile – disque dur externe – smartphone – console de jeux – PC portable – carte mémoire SD. Les deux intrus sont la cassette audio et le disque vinyle.

Unité 2

Le clavier .... p. 8

1

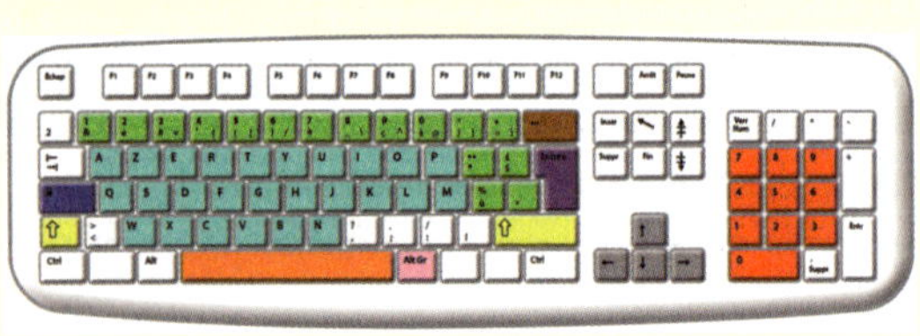

3 Aldebert : touche [majuscule] avec le [a] et les touches des lettres du prénom marcel@se.fr : [m] [a] [r] [c] [e] [l] [altGr] avec [à] [s] [e] [majuscule] avec [.] [f] [r]

4 5 – 15 – 11

Unité 3

La souris et le clic .... p. 10

1 VRAI – FAUX – FAUX – FAUX – VRAI.

2 5

3 Clic droit – Clic gauche

4 • L'orientation de la page change.
• Une fenêtre s'ouvre ; elle permet de copier, coller et de modifier certains éléments de texte.

Unité 4

Saisir un texte .... p. 12

1 Les lettres F et J.

2 ~~AZERPOIUYT~~ ~~APZOEIRUTY~~
~~MLKJHGFDSQ~~ ~~NBVCXW~~

3 *1re ligne* : 8 2e *ligne* : Z T 3e *ligne* : D H M *
4e ligne : V virgule /

4 a) Q : auriculaire gauche, J : index droit, S : annulaire gauche, K : majeur droit ; D : majeur gauche, L : annulaire droit, F : index gauche, M : auriculaire droit.
b) La barre d'espace.

Unité 5

Utiliser un logiciel de traitement de texte (1) .... p. 14

1

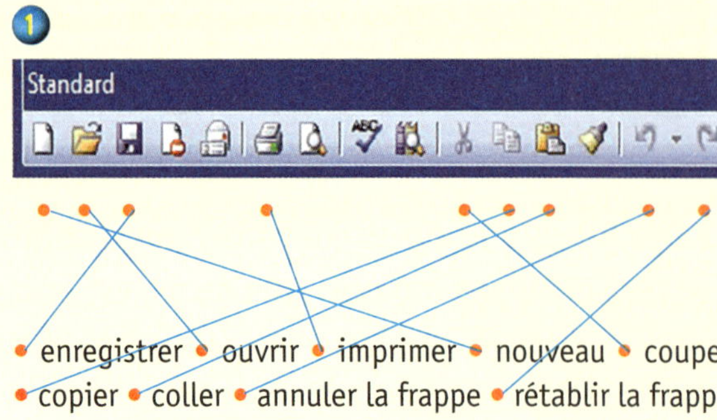

• enregistrer • ouvrir • imprimer • nouveau • couper
• copier • coller • annuler la frappe • rétablir la frappe

2

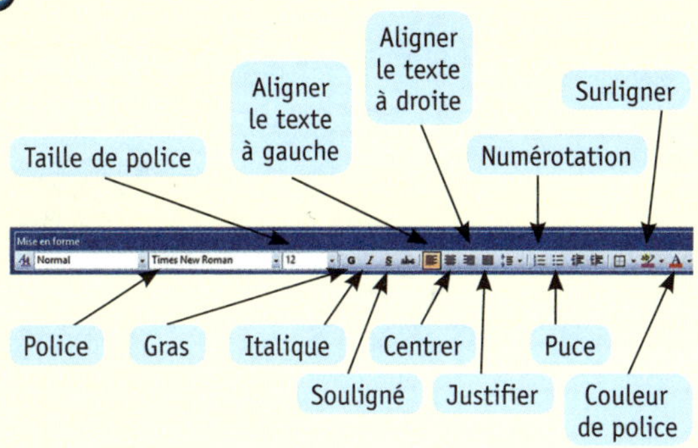

3 Nouveau – Ouvrir – Fermer – Enregistrer – Enregistrer sous – Enregistrer en tant que page web – Recherche de fichiers – Autorisation – Versions – Aperçu de la page web – Mise en page – Aperçu avant impression – Convertir en PDF – Imprimer – Envoyer vers – Propriétés.

4 ~~nettoyer~~ – ~~regarder~~ – ~~écouter~~ – ~~recommencer~~.

5 Le premier menu déroulant.

6 • Gras : la case change de couleur et le mot Gras apparait.
- Souligné : la case change de couleur et le mot Souligné apparait.
- Couleur de police : on donne la couleur de la police utilisée et pour le noir, il est écrit « Automatique ».

7 stand – mise en forme – base de données – boites à outils contrôle – cadres.

Unité 7

Utiliser un logiciel de traitement de texte (3) .... p. 18

8

 ☑

 ☑

9 Le papillon doit avoir comme couleur du violet, du vert, du bleu, de l'orange, du blanc, du rouge, du rose, et du jaune.

Unité 8

Utiliser un logiciel de traitement de texte (4) .... p. 20

1

•  ☑

•  ☑

3

2-25	1-25	5-7-8-9-10-12-14-16-17-20-21-22-23	15-24	4-6-11-13-19	3-18

Unité 9

Utiliser un logiciel de traitement de texte (5) .... p. 22

1 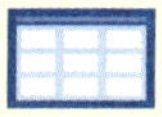

2 a) Nombre de cellules : 10
Nombre de lignes : 2
Nombre de colonnes : 5

b) Nombre de cellules : 25
Nombre de lignes : 5
Nombre de colonnes : 5

c) Nombre de cellules : 88
Nombre de lignes : 11
Nombre de colonnes : 8

3

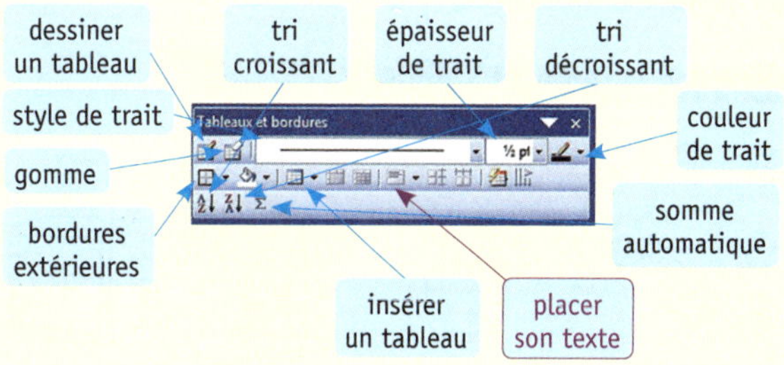

5 280, 204, 195, 68, 747.

Unité 10

Utiliser un logiciel de présentation .... p. 24

1 Cocher la première copie d'écran.

5 VRAI – VRAI – VRAI – FAUX – VRAI – VRAI – FAUX.

7 Masquer le nom de l'auteur – Faire la liste de tous les éléments nécessaires – Écrire à la main.

Unité 11

Les dangers et les enjeux citoyens liés à l'usage de l'informatique et d'Internet .... p. 28

1 Ordinateur – Tablette – Console.

2 a) à l'ordinateur ☑ à l'enfant ☑
b) les utilisateurs ☑ l'ordinateur ☑ les fichiers ☑
c) Scanner l'ordinateur pour le vérifier ☑ Détruire les virus ☑ Contrôler les entrées et sorties de fichiers ☑

3 image, privée, protection, prudent, indésirables, autres, atteintes, alerter, contenu, comportement, utiliser, propriété, navigation, conservées, consultables.

4 VRAI – FAUX – VRAI – VRAI – FAUX.

Unité 12

Les différents comptes utilisateurs et les mots de passe .... p. 30

1 Chaque membre de la famille peut avoir un compte utilisateur et ainsi disposer de son propre espace personnel.

2 a) 5 b) Memoclic Fred c) pas besoin de mot de passe d) administrateur.

3 Frédéric (en haut à droite de l'écran).

4 ght9cd%$

5

6 ☑ sa date de naissance ☑ des suites de nombres qui se suivent ☑ un mot ou un prénom simple ☑ des informations personnelles.

7 1tvmq2tl'A @C2jfL%€
g2XhT1kfe A5LToVny

Unité 13

Naviguer sur Internet – Utiliser un moteur de recherche ...... p. 32

1 Google – Bing – Yahoo – Ask – Internet Explorer.

2

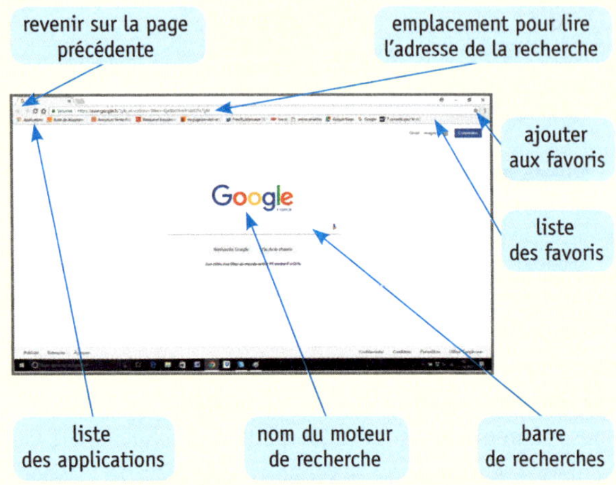

3 site – pages web – images – vidéo - documents – adresse – mots-clés.

4 Par exemple : Swotti – Qwant – Pickanews – Duck Duck Go – Mozilla Firefox.

5 • "scratch" : https://scratch.mit.edu
• "thymio" : https://www.thymio.org/fr:thymio

Unité 14

Naviguer sur Internet – Lire un document numérique ..... p. 34

1 L'affiche et le livre.

2 Pour que le cartable soit moins lourd à porter.
Pour avoir accès à de nouveaux supports.
Pour aller plus vite dans les recherches.

3 ☑ Le nom du site ☑ Le nom de l'auteur ☑ Le titre ☑ Les réponses aux questions que l'on se pose.

4 • La page de présentation d'un site • Le petit quotidien.fr • 9 • On me demande de me connecter pour accéder au contenu du document.

5 • Une vidéo • YouTube • La Seconde Guerre mondiale 1939-1945 • 2:59 minutes • Non • Le bilan de la guerre.

6 • Un document de présentation (PowerPoint)
• SlidePlayer • 17 pages • À Paris en juillet 1944.

7 La Seconde Guerre mondiale.

Unité 15

Rechercher des informations sur un site Internet . . . . p. 36

2 **Recherche 1** a) 5 b)  c) Le petit personnage mascotte d) Bilingue « français/anglais ».
Recherche 2 a) 16 b) Gustave Eiffel c) L'exposition universelle de 1889 d) 7 millions environ
e) Le nombre de marches de l'escalier du pilier Est
f) Le plan du parcours.
Recherche 3 a) « À voir sur la Tour Eiffel ! » en page d'accueil puis « Le premier étage ».
b) Le plancher transparent c) 2:01 minutes d) 25 millions d'euros.

Unité 16

Utiliser des logiciels . . . . p. 38

1 pilote – interaction – logiciel.

2 a) ☑ Lire des données ☑ Écouter de la musique
b) ☑ Stocker
c) ☑ Un lecteur
d) ☑ Des données ineffaçables ☑ Des images et du son
e) ☑ Les fichiers programmes pour faire fonctionner un périphérique (imprimante) ☑ Un mode d'emploi.

4 a) Par exemple : http://www.commentcamarche.net
b) vérification par un adulte.
c) 

Unité 17

Découvrir une boite mail . . . . . p. 40

1 petits.21@net.fr – nage.heur@wanadoo.fr – kalin@hotmail.com – libien@free.fr – lezenfants@yahoo.fr – cfini@laposte.com

2 a) b) d) e)

3

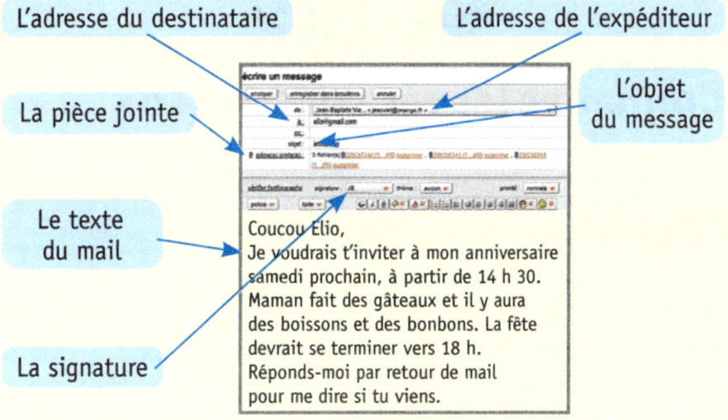

4 a) camille@hotmail.com b) Bonjour
c) mamy@gmail.com d) Le judo.

Unité 18

Utiliser une boite mail . . . . p. 42

1

- (1) Écrire un nouveau message
- (6) Mettre une pièce jointe
- (7) Joindre une invitation
- (2) Adresse du destinataire
- (4) Mettre en copie cachée
- (3) Mettre en copie
- (5) Le sujet du mail
- (13) Pour supprimer le message
- (12) Pour enregistrer une copie du message
- (9) Texte
- (8) Barre d'outils
- (10) Correcteur d'orthographe
- (11) Pour envoyer le message

2 Brouillons = Les messages commencés mais pas envoyés.
Courrier indésirable = Les "spam".
Éléments supprimés = Les mails, reçus ou envoyés, qui ont été supprimés.
Éléments envoyés = Tous les messages envoyés.
Boite de réception = Tous les nouveaux messages.
Boite d'envoi = Les messages que l'on envoie.

3 a) On voit apparaitre la liste des messages reçus.
b) Par ordre de date d'arrivée.
c) Ils n'ont pas la même couleur.

4 Afficher une page de nouveau message – Choisir le nom du destinataire – Noter l'objet – Rédiger le texte du mail – Ajouter ou pas une ou plusieurs pièces jointes – Envoyer le mail.

Unité 19

Connaitre les réseaux sociaux . p. 44

1 Internet – sociaux – profil – créer – informations – logo.

2 ☑ Tes professeurs ☑ Ta famille ☑ Tes copains ☑ Ton frère ☑ Tes copines – ☑ Tes cousins.

3 a) Dailymotion b) Tumblr c) Google+ d) YouTube e) Instagram f) Pinterest.

4 a) JAMAIS b) JAMAIS – TOUJOURS c) TOUJOURS d) TOUJOURS – JAMAIS e) JAMAIS f) JAMAIS g) TOUJOURS – JAMAIS.

5

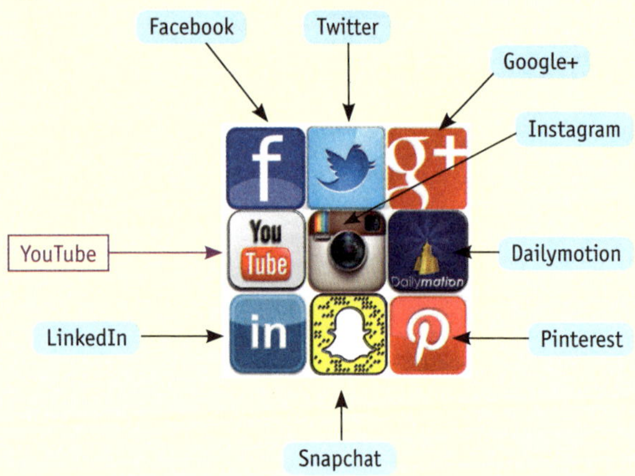

Codage et programmation

Unité 20

Rappels élémentaires sur GéoTortue . . . . p. 46

1

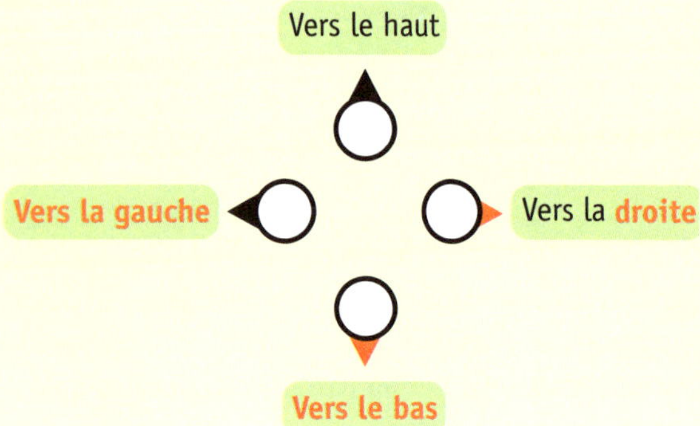

2

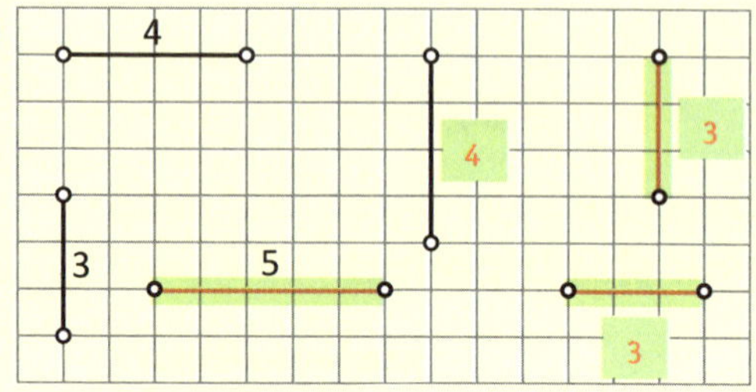

Unité 21

Comprendre ce qu'est une séquence . . . . p. 48

1 Carré, Triangle rectangle, Triangle équilatéral.

2

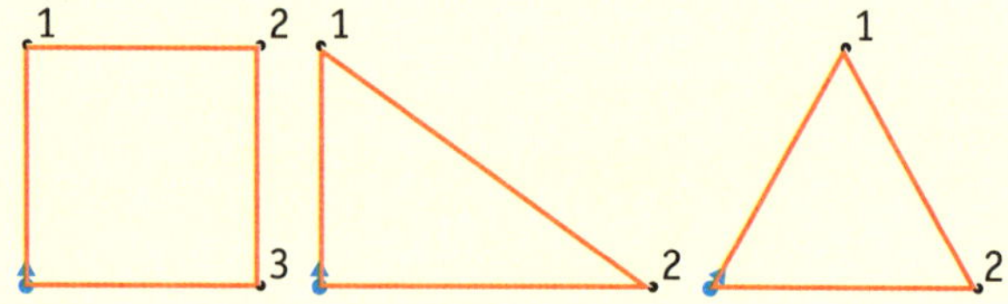

3 a)

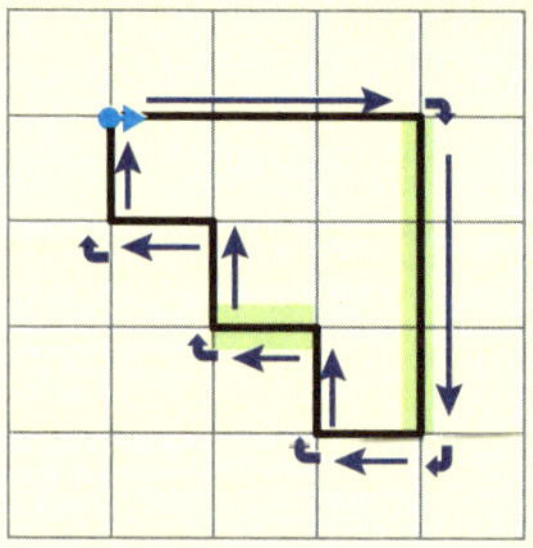

Avance de 3 carreaux
Tourne à droite de 90°
Avance de 3 carreaux
Tourne à droite de 90°
Avance de 1 carreau
Tourne à droite de 90°
Avance de 1 carreau
Tourne à gauche de 90°
Avance de 1 carreau
Tourne à droite de 90°
Avance de 1 carreau
Tourne à gauche de 90°
Avance de 1 carreau
Tourne à droite de 90°
Avance de 1 carreau

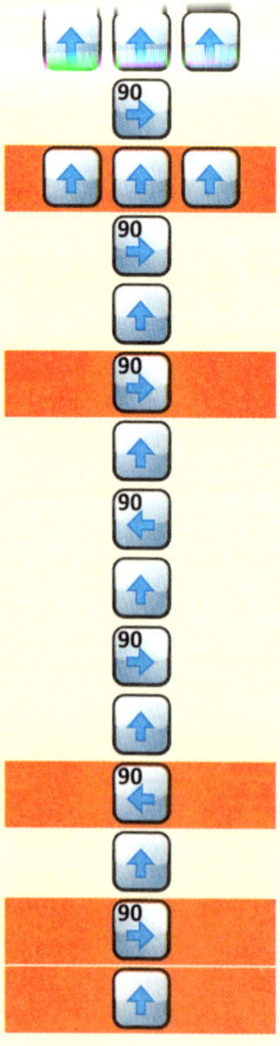

b)

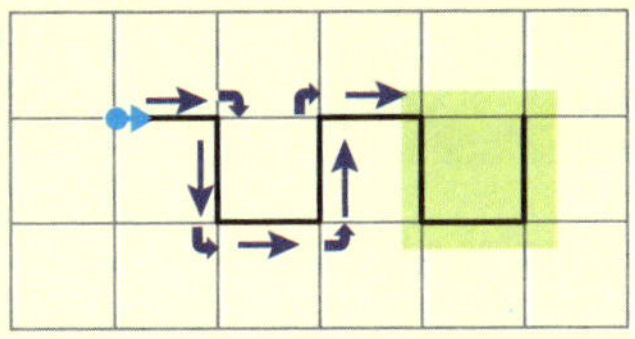

Avance de 1 carreau
Tourne à droite de 90°
Avance de 1 carreau
Tourne à gauche de 90°
Avance de 1 carreau
Tourne à gauche de 90°
Avance de 1 carreau
Tourne à droite de 90°
Avance de 1 carreau
Tourne à droite de 90°
Avance de 1 carreau
Tourne à gauche de 90°
Avance de 1 carreau
Tourne à gauche de 90°
Avance de 1 carreau

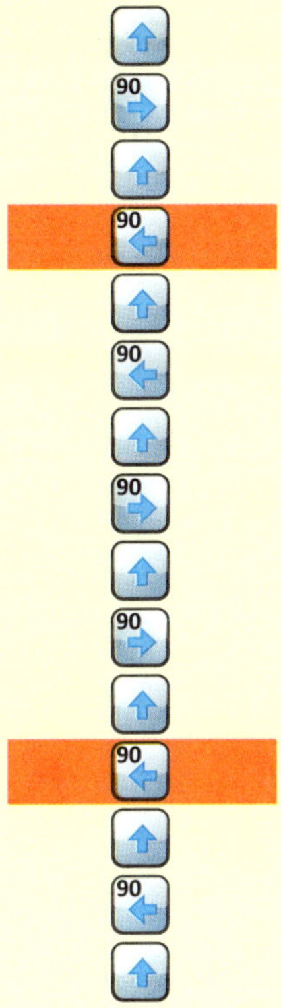

Unité 22

Écrire son premier programme . . . . p. 50

1

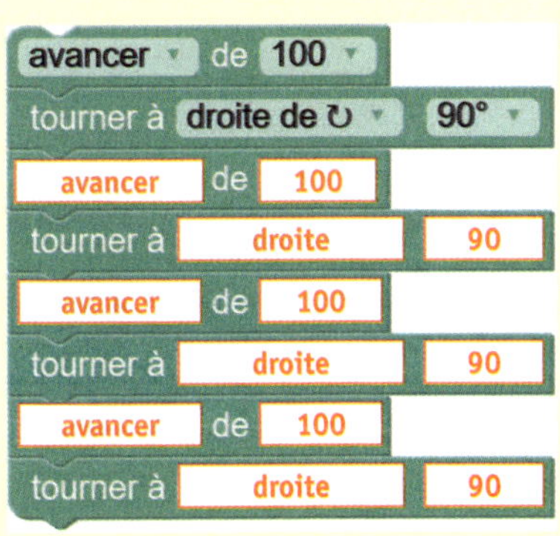

2 a)

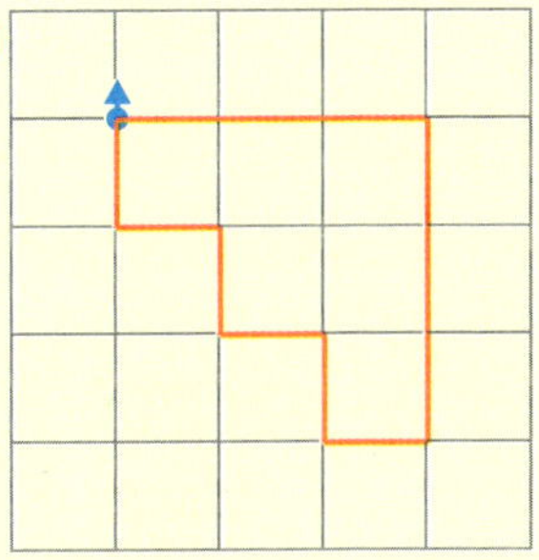

b)

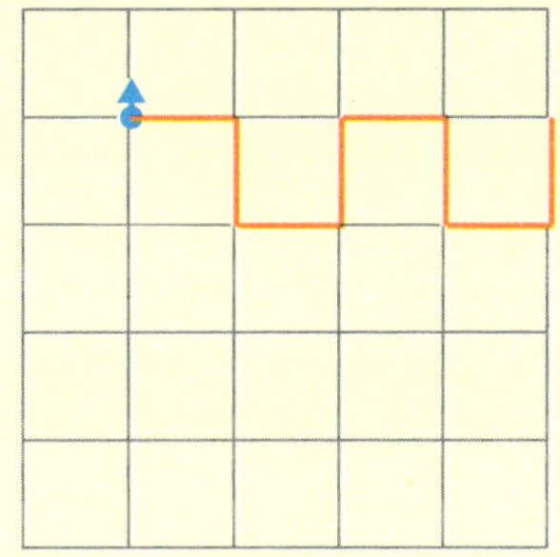

Unité 25

Créer, intégrer et déplacer un personnage dans la scène (1) p. 58

9 A : 3, B : 2, C : 1, D : 4.

Unité 27

Adapter les séquences pour permettre la récitation de la fable . . . . p. 66

5 3 secondes et 6 secondes.

Unité 29

Comprendre comment l'ordinateur prend une décision . . . . p. 70

1 Avance de 3 carreaux
Tourne à droite de 90°
Avance de 3 carreaux
Tourne à gauche de 90°
Avance de 3 carreaux
Tourne à droite de 90°
Avance de 3 carreaux
Tourne à droite de 90°
Avance de 2 carreaux

2 Tourne à gauche de 90°
Avance de 1 carreau
Tourne à droite de 90°
Avance de 4 carreaux
Tourne à droite de 90°
Avance de 1 carreau
Tourne à gauche de 90°
Avance de 4 carreaux

3

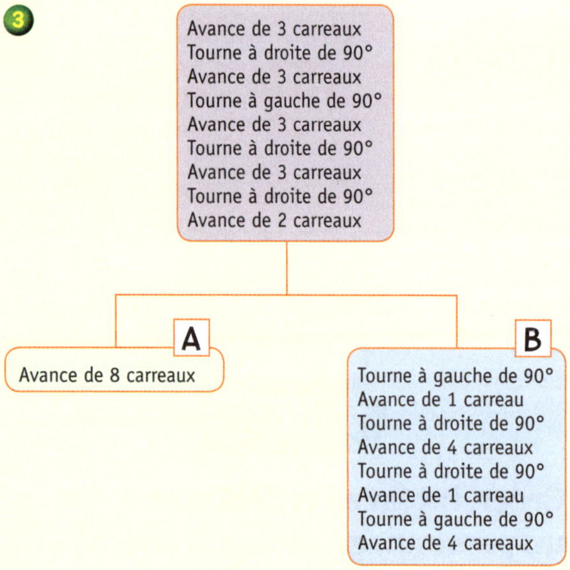

4 *SI* une voiture est garée là.

5

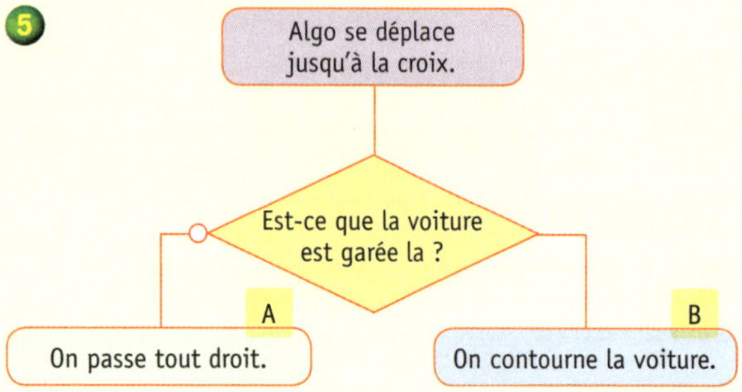

6 **Condition** : SI elle est assez haute.
Réponse positive : je passerai en dessous pour suivre le trajet B.
Réponse négative : je la contournerai en suivant le trajet A.

7

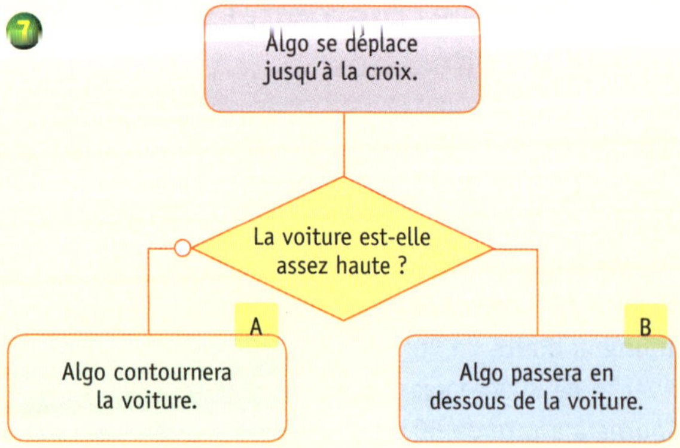

Unité 30

Comprendre comment l'ordinateur construit sa réflexion .... p. 74

1 **Condition 1** : SI la voiture est garée sur le parking.
Condition 2 : SI elle est trop basse.

2

Est-ce que la voiture est garée sur le parking ?

Est-ce que la voiture est trop basse ?

3

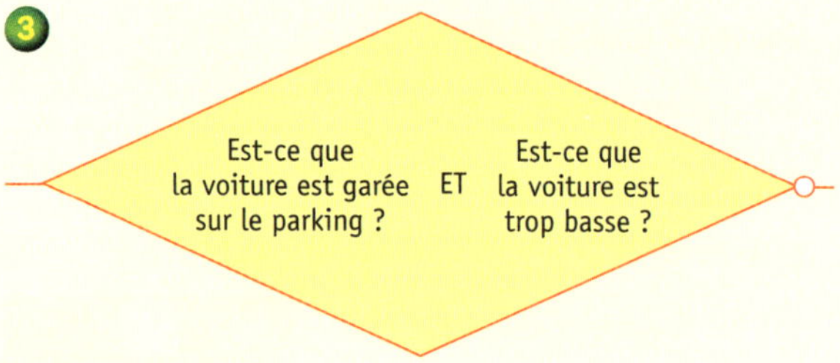

4 B, B.

5 De haut en bas : 1, 0, 1, 0, 0, 1

6 *1re colonne* : 1. *2e colonne* : 0. *3e colonne* : 0, 1.

7 **Condition 1** : SI il voit quelqu'un entrer.
Condition 2 : SI il a envie de jouer avec toi.

8

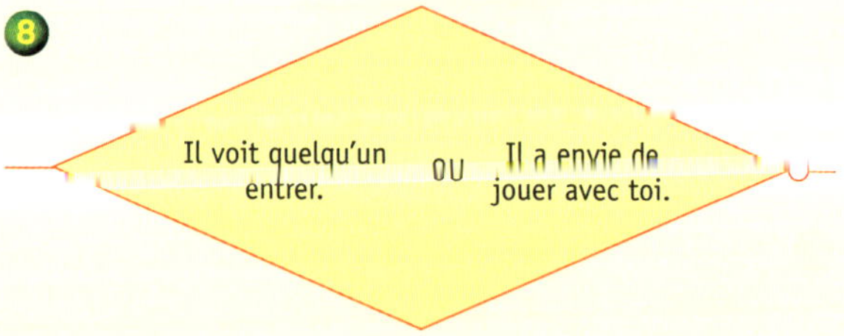

9 *1re colonne* : Il voit quelqu'un entrer. *2e colonne* : Il a envie de jouer avec toi. *3e colonne* : Oui, oui, oui. *4e colonne* : Algo voit quelqu'un entrer et il a envie de jouer avec toi.

10 *1re colonne* : 1, 1. *2e colonne* : 0, 1.
3e colonne : 0, 1.

Achevé d'imprimer par Loire Offset Titoulet à Saint-Étienne – France.
Dépôt légal : 03082 4/01 – Mars 2018.